趣味数独 入门级

主编 王婧雯

越玩越聪明的数字游戏

进入数独的世界 发现数字之美
打开数学的视野 体验思考的乐趣

学校：_____

班级：_____

姓名：_____

河南大学出版社
HENAN UNIVERSITY PRESS
·郑州·

图书在版编目（CIP）数据

趣味数独 / 王婧雯主编. -- 郑州 : 河南大学出版社, 2021.9
　　ISBN 978-7-5649-4875-7

Ⅰ. ①趣… Ⅱ. ①王… Ⅲ. ①智力游戏 – 青少年读物 Ⅳ. ①G898.2

中国版本图书馆CIP数据核字(2021)第200683号

趣味数独
QUWEI SHUDU

责任编辑	王丽芳
责任校对	仝一帆
封面设计	荣恒设计部
版式设计	荣恒排版部

出版发行	河南大学出版社
	地址：郑州市郑东新区商务外环中华大厦2401号　邮编:450046
	电话：0371-86059752（自然科学与外语部）
	0371-86059701（营销部）
	网址：hupress.henu.edu.cn
印　刷	河南省诚和印制有限公司
印　次	2021年9月第1次印刷
版　次	2021年9月第1版
印　张	16
开　本	890 mm × 1240 mm 1/16
字　数	160千
定　价	100.00元（全四册）

（本书如有印装质量问题，请与河南大学出版社营销部联系调换。）

目录

第一章　四宫数独基本元素…………01

第二章　四宫数独规则及解题方法…03

第三章　四宫数独经典例题解析……06

第四章　四宫数独练习题……………09

第五章　六宫数独基本元素…………26

第六章　六宫数独规则及解题方法…28

第七章　六宫数独经典例题解析……32

第八章　六宫数独练习题……………35

答　案………………52

第一章
四宫数独基本元素

数独的元素指数独中最基本概念的名称和含义。在做数独题之前我们需要先了解一下行、列、宫的概念和位置名称，掌握这些名词有利于后续的理解。我们先来看一下四宫数独的元素示意图。

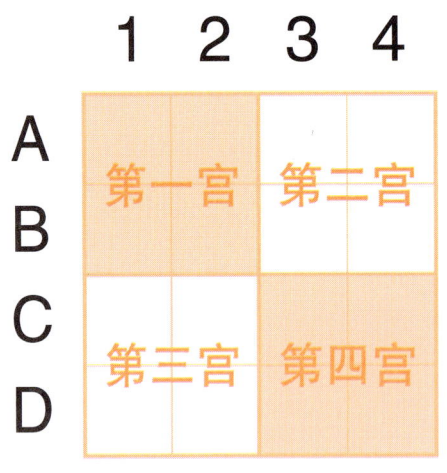

四宫数独元素示意图

单元格： 数独盘面中最小的单位，即一个格子，通常简称为"格"，每个格内只有一个确定的数字。

行： 数独盘面中水平方向4个单元格组成的区域总称，从上到下依次为A行、B行、C行和D行，用英文字母表示。

列： 数独盘面中垂直方向4个单元格组成的区域总称，从左到右依次为1列、2列、3列、4列，用数字表示。

宫： 数独盘面中粗线围成的2×2单元格组成的区域总称，从左到右、从上到下依次为第一宫、第二宫、第三宫、第四宫。

已知数： 数独题目给定的数字。

单元格（格）坐标标示方法： 根据上述所标示的行和列的名称组合得出每个格子位置的坐标名称，如C行第二格，我们称之为"C2"格。

第二章
四宫数独规则及解题方法

四宫数独规则： 在空白格内填入数字1—4，使得每行、每列、每宫内数字均不重复。

唯一数法： 当数独盘面中行、列、宫中只剩一个空格时，通过数数找出没有出现的数字并将其填入空格的方法。

图 2-1

如图2-1，根据四宫数独的规则，每行、每列、每宫内的数字不能重复，观察B行，已有数字1、2、3，剩下数字4，即B2=4；用同样的方法观察第2列，发现已有数字2、3、4，剩下数字1，即D2=1；再看第一宫，宫内已有数字2、3、4，剩下数字1，即A1=1。

唯一数法是最直观、最基础、最重要的方法，通过点数就能发现。虽然简单，但也是很重要的方法，特别是在竞速的数独比赛中，能够快速发现唯一数是获胜的关键之一。

排除法： 根据数独的基本规则，已知数的同行、同列、同宫的单元格中，不能出现相同的数字，即通过已知数进行排除的方法。

排除法分为宫排除法、行列排除法等。

宫排除法： 我们一起来观察图 2-2。由于 B2=1，根据规则，同在 B 行的 B3、B4 两格不能再填数字 1，如图 2-2 打叉处，第二宫只剩下 A4 一格可以填数字 1，于是就可以得出 A4=1，即图 2-2 问号处填数字 1。这种通过某个数字对某个宫进行排除得出数字的方法就叫宫排除法。

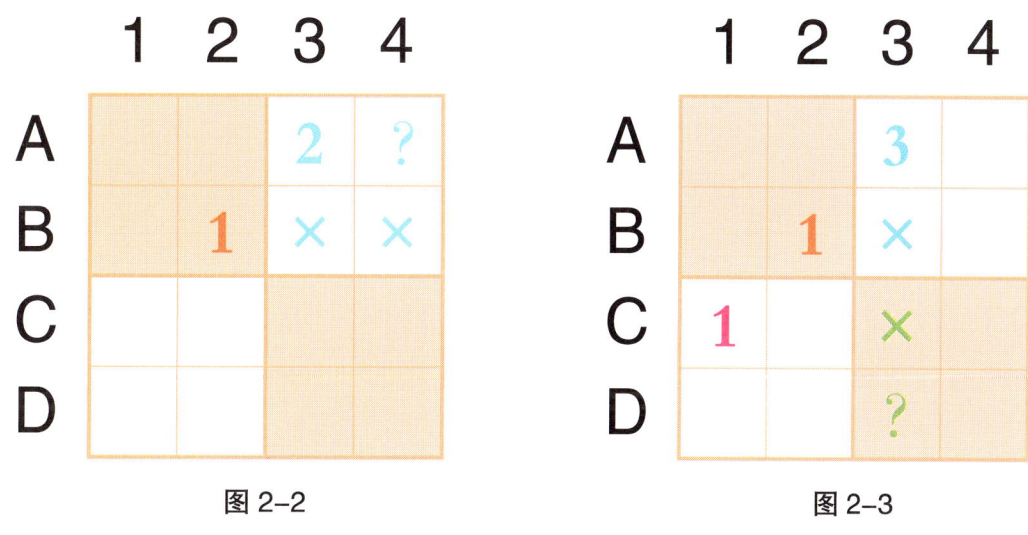

图 2-2　　　　　　　　图 2-3

行列排除法： 再来看图 2-3，由于 B2=1，根据规则，同在 B 行的 B3 就不能再填数字 1，同样 C1=1，C3 也不能再填数字 1，这样第 3 列除了 A3=3 占位外，就只剩下 D3 一格可以填数字 1，于是就有 D3=1，即图 2-3 问号处填数字 1。这种通过某个数字对某行（列）进行排除得出数字的方法就叫行列排除法。

第三章
四宫数独经典例题解析

四宫数独规则：在空白格内填入数字 1—4，使得每行、每列、每宫内数字均不重复。

例题：

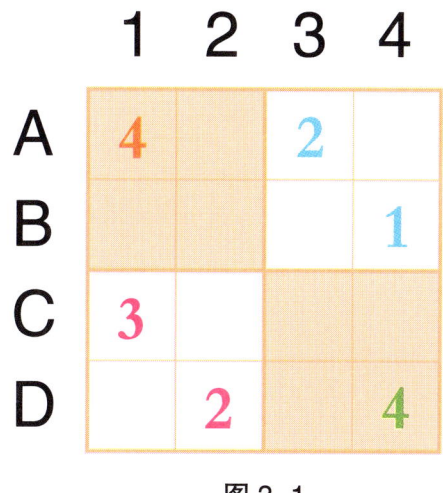

	1	2	3	4
A	4		2	
B				1
C	3			
D		2		4

图 3–1

如图 3–1 所示，这是一道普通的四宫数独，我们可以从相同数字多的开始。比如数字 2 或者 4，这里先考虑数字 2，观察第一宫。由于 D2=2，同在第二列的 A2、B2 就不能再填数字 2，于是第一宫的数字 2 只能填在 B1 格，即 B1=2。再看第四宫，因为 A3=2，可以对第四宫排除，得出 C4=2，如图 3–2 所示。

	1	2	3	4
A	4		2	
B	2			1
C	3			2
D		2		4

图 3–2

	1	2	3	4
A	4		2	
B	2		4	1
C	3	4		2
D		2		4

图 3–3

接下来，可以出数的线索比较多。可以再看一下，第一宫数字 4，能够对第二宫、第三宫进行排除，得出第二宫 B3=4，第三宫 C2=4，如图 3–3 所示。

现在可以寻找行、列、宫内数字多的，比如只差一个数字或者两个数字的，如果只差一个数字，用唯一数法就可以直接得出数字了。本题可以先观察第一列，已知数为 2、3、4，只缺数字 1，于是 D1=1，同样也可以观察 B 行，发现该行只差一个数字 3，于是得出 B2=3；再观察第二宫，可以得出 A4=3，根据上述步骤可以得到图 3–4 所示的盘面。

解到这步时，我们发现第一宫、C 行、D 行都只缺一个数字了，于是可以用唯一数法得出最后的答案，如图 3–5 所示。

	1	2	3	4
A	4		2	3
B	2	3	4	1
C	3	4		2
D	1	2		4

图 3–4

	1	2	3	4
A	4	1	2	3
B	2	3	4	1
C	3	4	1	2
D	1	2	3	4

图 3–5

我们拿到一道四宫数独，首先要考虑排除法，尤其是宫排除法。通常题目不止一个入手点，我们先观察哪里可以用排除法，就从哪里开始填数。填入部分数字之后，就可以用唯一数法来收尾。

第四章
四宫数独练习题

关注公众号
“码”上看答案

四宫数独规则：在空格内填入数字 1—4，使得每行、每列和每宫内的数字都是 1—4，且不能重复。

入门级难度　完成总时间：______分钟

1			
	2	4	1
2	1	3	
			2

完成时间：______分钟　第 01 题

	2		
3		2	4
2	4		1
		4	

完成时间：______分钟　第 02 题

4		1	3
1			
			1
3	1		4

完成时间：______分钟　第 03 题

			2
2	1		3
3		2	1
1			

完成时间：______分钟　第 04 题

入门级难度　完成总时间：______分钟

	4	2	3
		4	
	2		
4	1	3	

完成时间：______分钟　第 05 题

1			
3	4	2	
	1	4	3
			2

完成时间：______分钟　第 06 题

4	1	3	
2			
			3
	4	2	1

完成时间：______分钟　第 07 题

		2	
4	2	1	
	3	4	2
	4		

完成时间：______分钟　第 08 题

入门级难度　完成总时间：_____分钟

	3	1	4
		2	
	2		
3	1	4	

完成时间：_____分钟　第09题

3	2		
1			2
2			3
		2	1

完成时间：_____分钟　第10题

4			3
1		4	
	1		4
2			1

完成时间：_____分钟　第11题

2	3		
	3	1	
	2	4	
	4		1

完成时间：_____分钟　第12题

入门级难度　完成总时间：_____分钟

	4		
1	3	4	
	1	2	3
		1	

完成时间：____分钟　第13题

			2
2		1	4
3	2		1
1			

完成时间：____分钟　第14题

		2	4
2			1
4			3
1	3		

完成时间：____分钟　第15题

3	2	4	
	4		
		1	
	1	3	4

完成时间：____分钟　第16题

入门级难度　完成总时间：_____分钟

4	1		
2		4	
	4		3
		1	4

完成时间：_____分钟　第 17 题

	1		3
2	3		
		1	4
1		3	

完成时间：_____分钟　第 18 题

3		1	
		2	3
4	1		
3		1	

完成时间：_____分钟　第 19 题

2	4		1
		3	
			1
4		2	3

完成时间：_____分钟　第 20 题

{ 入门级难度　完成总时间：_____分钟 }

2		3	
		2	4
4	3		
	2		3

完成时间：_____分钟　第 21 题

	1		4
4	3		
		2	3
3		4	

完成时间：_____分钟　第 22 题

2	1		
	4		2
4		3	
		2	4

完成时间：_____分钟　第 23 题

	1		3
		4	1
1	4		
2		1	

完成时间：_____分钟　第 24 题

入门级难度　完成总时间：_____分钟

	2	1	
3			2
1			4
	4	3	

完成时间：_____分钟　第25题

4		2	
3		1	
	3		1
	4		2

完成时间：_____分钟　第26题

	3	1	
4			2
	4	2	
1			3

完成时间：_____分钟　第27题

1		2	
	2		1
4		3	
	3		4

完成时间：_____分钟　第28题

入门级难度　完成总时间：_____分钟

	1	2	
	4	3	
	3	4	
	2	1	

完成时间：_____分钟　第29题

1	4	3	2
3	1	2	4

完成时间：_____分钟　第30题

	2		
1		4	
	4		3
		2	

完成时间：_____分钟　第31题

	4		3
1			
			2
4		3	

完成时间：_____分钟　第32题

入门级难度　完成总时间：_____分钟

	4		3
	1		
		2	
4		3	

完成时间：_____分钟　第33题

		1	4
2			3
	1		4

完成时间：_____分钟　第34题

2		4	
4			3
		1	2

完成时间：_____分钟　第35题

			1
1	4		
			2
4		1	

完成时间：_____分钟　第36题

入门级难度　完成总时间：______分钟

4	1		
		1	
	3		2
			1

完成时间：______分钟　第 37 题

1	2		
		1	
	1		
		4	1

完成时间：______分钟　第 38 题

3			
		3	2
1	3		
			3

完成时间：______分钟　第 39 题

3	4		
			3
4			1
	2		

完成时间：______分钟　第 40 题

入门级难度　完成总时间：______分钟

4		2	3
3	2		1

完成时间：______分钟　第 41 题

		2	
1			3
3			2
	1		

完成时间：______分钟　第 42 题

		2	
4		1	
	1		2
	4		

完成时间：______分钟　第 43 题

3			2
4			
	3		
		1	3

完成时间：______分钟　第 44 题

入门级难度　完成总时间：______分钟

2			
1			4
4			1
			2

完成时间：______分钟　第 45 题

	2		
	4		3
4		1	
		3	

完成时间：______分钟　第 46 题

2			
3	1		
		4	2
			3

完成时间：______分钟　第 47 题

	3	2	
1			4
	4	1	

完成时间：______分钟　第 48 题

{ 入门级难度　完成总时间：_____分钟 }

	1	4	
	3		
		3	
	2	1	

完成时间：_____分钟　第49题

4	2	1	
	1	3	4

完成时间：_____分钟　第50题

1		4	
2			
			1
	1		4

完成时间：_____分钟　第51题

3		4	
		2	
			2
	4		1

完成时间：_____分钟　第52题

入门级难度　完成总时间：_____分钟

	1		
		2	
	3		
		3	

完成时间：_____分钟　第 53 题

3			
			2
	1		
		2	

完成时间：_____分钟　第 54 题

		1	
1			
	3		
			2

完成时间：_____分钟　第 55 题

1			2
	4	3	

完成时间：_____分钟　第 56 题

入门级难度　完成总时间：______分钟

4			1
	4	3	

完成时间：______分钟　第 57 题

	1		
		2	
4			3

完成时间：______分钟　第 58 题

	4		
		2	
3			
			2

完成时间：______分钟　第 59 题

	1		4
3		2	

完成时间：______分钟　第 60 题

入门级难度　完成总时间：_____分钟

	4		
			2
		3	
3			

完成时间：_____分钟　第 61 题

		4	
2			
	1		
			3

完成时间：_____分钟　第 62 题

2			
		1	
4			
		4	

完成时间：_____分钟　第 63 题

		2	
2			3
		1	2

完成时间：_____分钟　第 64 题

第五章
六宫数独基本元素

之前我们通过四宫数独讲过数独元素，下面再通过六宫数独来回顾一下，大家也可以看看里面有什么相似的地方。我们先来看一下六宫数独的元素示意图。

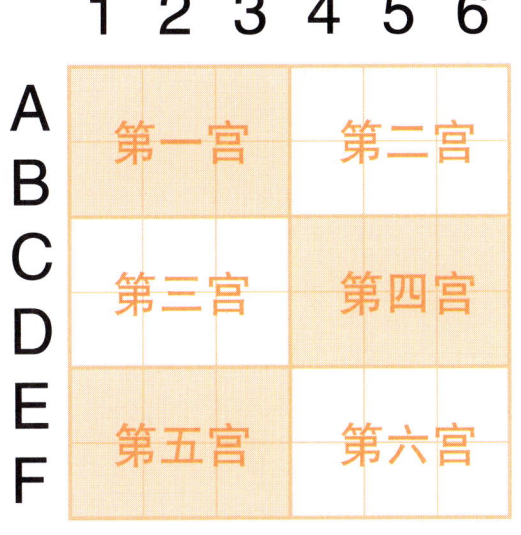

六宫数独元素示意图

单元格：数独盘面中最小的单位，即一个格子，通常简称为"格"，每个格内只有一个确定的数字。

行：数独盘面中水平方向6个单元格组成的区域总称，从上到下依次为A行、B行、C行、D行、E行和F行，用英文字母表示。

列：数独盘面中垂直方向6个单元格组成的区域总称，从左到右依次为1列、2列、3列、4列、5列、6列，用数字表示。

宫：数独盘面中粗线围成的2×3单元格组成的区域总称，从左到右、从上到下依次为第一宫、第二宫、第三宫、第四宫、第五宫、第六宫。

已知数：数独题目给定的数字。

单元格（格）坐标标示方法：根据上述所标示的行和列的名称组合得出每个格子位置的坐标名称，如E行第五格，我们称之为"E5"格。

第六章
六宫数独规则及解题方法

六宫数独规则： 在空白格内填入数字1—6，使得每行、每列、每宫内数字均不重复。

					4
4	2			6	1
	4				
				2	
2	1			5	3
5					

例题

1	6	5	2	3	4
4	2	3	5	6	1
6	4	2	3	1	5
3	5	1	4	2	6
2	1	4	6	5	3
5	3	6	1	4	2

答案

唯一数法： 当数独盘面中行、列、宫中只剩一个空格时，通过数数找出没有出现的数字并将其填入空格的方法。

	1	2	3	4	5	6
A			5			
B			2			
C	5	2	4	?	6	1
D			?			
E			1	2	3	5
F			3	6	?	4

图 6-1

如图 6-1，根据六宫数独的规则，每行、每列、每宫内的数字不能重复，观察 C 行，已有数字 1、2、4、5、6，剩下数字 3，即 C4=3；同样观察第 3 列，发现已有数字 1、2、3、4、5，剩下数字 6，即 D3=6；再看第六宫，宫内已有数字 2、3、4、5、6，剩下数字 1，即 F5=1。

排除法：根据数独的基本规则，已知数的同行、同列、同宫的单元格中，不能出现相同的数字，即通过已知数进行排除的方法。

图 6-2

排除法分为宫排除法、行列排除法等。

宫排除法：我们一起来观察图 6-2。由于 A4=1，根据规则，同在 A 行的 A1、A2、A3 三格不能再填数字 1，第一宫只剩下 B2 一格可以填数字 1，于是就可以得出 B2=1，即上图第一宫内问号处填数字 1。这种通过某个数字对某个宫进行排除得出数字的方法就叫宫排除法。同样由于 A4=1，可以排除同在第 4 列的第六宫中的 E4、F4 填数字 1 的可能性。由于 C5=1，可以排除同在第 5 列的 E5、F5 填数字 1 的可能性，于是第六宫只剩下 F6 一格可以填数字 1，于是 F6=1，即第六宫内问号处填数字 1。

行列排除法：再来看图 6-2 第 3 列。由于 A4=1，根据规则，同在 A 行的 A3 就不能再填数字 1，同样 C5=1，C3 也不能再填数字 1，这样第 3 列就只剩下 E3 一格可以填数字 1，于是就有 E3=1，即图 6-2 第 3 列问号处填数字 1。这种通过某个数字对某行（列）进行排除得出数字的方法就叫行列排除法。同样我们观察 C 行，由于 D3=3，根据规则，同在第三宫内的 C1、C2、C3 这三格就不能再填数字 3，于是 C 行只剩下 C4 一格可以填数字 3，于是 C4=3，即 C 行问号处填数字 3。如图 6-3 所示。

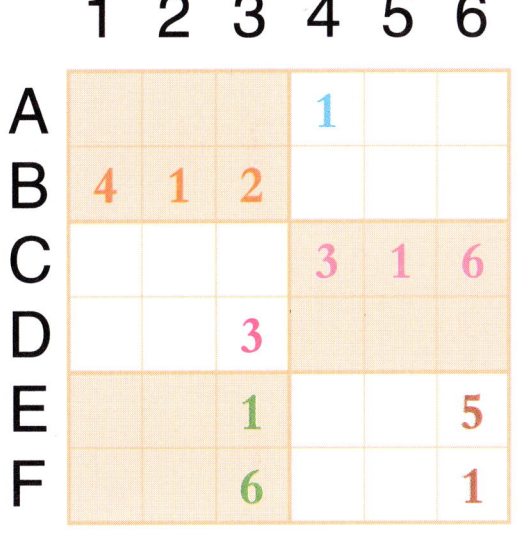

	1	2	3	4	5	6
A				1		
B	4	1	2			
C				3	1	6
D			3			
E			1			5
F			6			1

图 6–3

大家可以对比一下四宫数独和六宫数独的解法说明，可以发现本质上是一样的，只是数字由四个变成了六个，变得相对复杂了，对观察者的要求也更高了。

前文提到了如何应用宫排除法，但一道题目并不会明确地指出下一步需要什么技巧，这就涉及一个搜索方法的问题，怎样更有效地搜索，不漏下任何一个可能的解呢?

这里有两种思路。

其一是观察出现次数较多的数字。我们可以试着由宫排除法将出现次数最多的数字按照第一宫、第二宫、第三宫……第六宫的顺序搜索，填完后再同样寻找其他多次出现的数字，以此类推。

不过需要注意，有时候很多数字并不能够一次性完成，当发现没有思路的时候，应该考虑观察其余的数字，等到填出更多数字的时候再来反观刚才卡住的地方，很可能会有所收获。

其二是选择数字较多的宫来优先进行观察。我们观察该宫已有的数字，判断这个宫里还需要填入哪些数字，再在能够影响这个宫的区域里寻找需要填入的数字，进行宫排除。

第七章
六宫数独经典例题解析

六宫数独规则：在空白格内填入数字 1—6，使得每行、每列、每宫内数字均不重复。

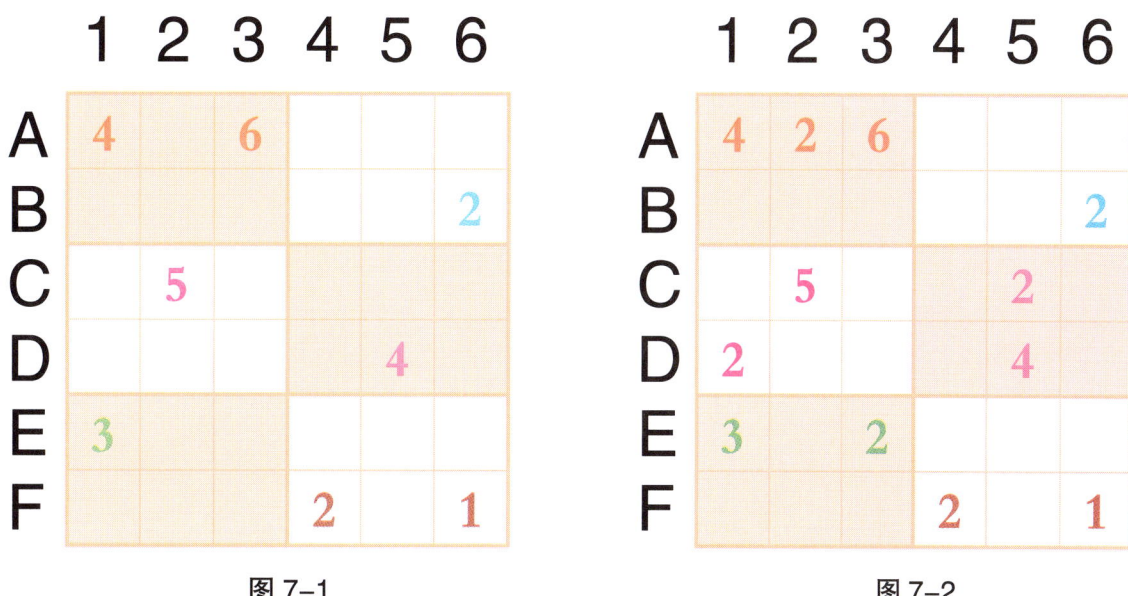

	1	2	3	4	5	6
A	4		6			
B						2
C		5				
D					4	
E	3					
F				2		1

图 7–1

	1	2	3	4	5	6
A	4	2	6			
B						2
C		5			2	
D	2				4	
E	3		2			
F				2		1

图 7–2

观察图 7–1，可以从数字出现频率高的数着手解题。这里可以从数字 2 开始观察，通过宫排除法，用 B6 的数字 2，推导出第一宫的数字 2 在 A2 格；通过 B6 及 F4 的数字 2，排除对应列中 2 的可能性，推导出第四宫的数字 2 在 C5 格；再用刚推导出的 A2 的数字 2 以及 F4 的数字 2，排除得出第五宫 E3=2，最后通过排除得出第三宫 D1=2（大家思考一下排除需要用到哪几个数字 2）。如图 7–2 所示。

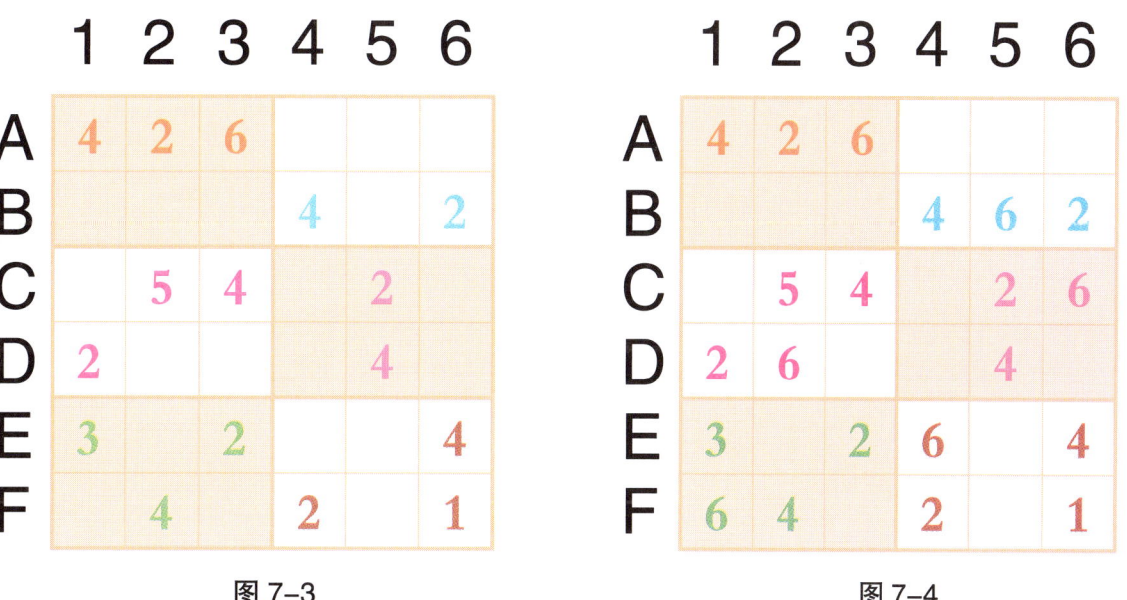

	1	2	3	4	5	6
A	4	2	6			
B				4		2
C		5	4		2	
D	2				4	
E	3		2			4
F		4		2		1

图 7–3

	1	2	3	4	5	6
A	4	2	6			
B				4	6	2
C		5	4		2	6
D	2	6			4	
E	3		2	6		4
F	6	4		2		1

图 7–4

接下来再观察数字 4，用宫排除法的相关知识，推导出第二宫及第三宫的数字 4 在 B4 和 C3 格；再结合刚推导出的数字 4，推导出第六宫的数字 4 在 E6 格；最后得出第五宫的数字 4 在 F2 格。大家自己可以标示出宫排除的过程。如图 7–3 所示。

下面再观察数字 6，用宫排除法，可以得出各宫的数字 6，大家思考一下数字 6 的出数顺序，先得出哪一个宫的数字 6，再得出哪一个宫的数字 6。如图 7–4 所示。

根据上述的盘面，我们再来观察数字 3，发现用宫排除法可以推导出剩下的所有数字 3，分别是 F5=3、D3=3、B2=3、C4=3 以及 A6=3，如图 7–5 所示。

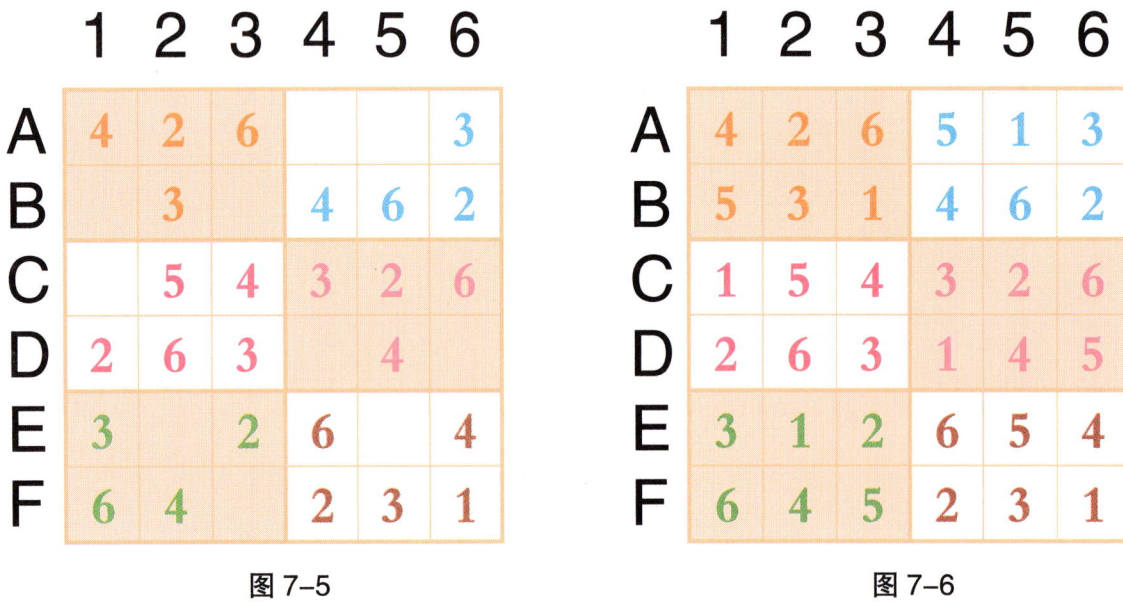

	1	2	3	4	5	6
A	4	2	6			3
B		3		4	6	2
C		5	4	3	2	6
D	2	6	3		4	
E	3		2	6		4
F	6	4		2	3	1

图 7–5

	1	2	3	4	5	6
A	4	2	6	5	1	3
B	5	3	1	4	6	2
C	1	5	4	3	2	6
D	2	6	3	1	4	5
E	3	1	2	6	5	4
F	6	4	5	2	3	1

图 7–6

这时我们再来观察盘面，发现很多行列或宫内只剩下一个空格，用唯一数法就可以得出答案。如图 7–6 所示。

第八章

六宫数独练习题

关注公众号
“码”上看答案

六宫数独规则：在空格内填入数字 1—6，使得每行、每列和每宫内的数字都是 1—6，且不能重复。

入门级难度　完成总时间：______分钟

	6	1	2	3	
3		2	4		6
	4			6	
	1			2	
1		5	6		3
	3	4	1	5	

完成时间：______分钟　第 01 题

3	2		6	4	
6			3		2
			4	2	6
2	6	4			
5		2			4
	1	6		3	5

完成时间：______分钟　第 02 题

3	2	5			
			5	2	3
4	5		2		6
6	1		4		5
			3	4	2
2	3	4			

完成时间：______分钟　第 03 题

1	3			4	5
4		2	6		1
	6			5	
5		4	1		3
	4			1	
	1	3	5	2	

完成时间：______分钟　第 04 题

入门级难度　　完成总时间：_____分钟

	6	4	2	3	
	2			1	
2		6	3		1
3		5	6		2
	3			2	
4	5			6	3

完成时间：_____分钟　第 05 题

6		1		2	
3		5		1	6
			1	3	2
1	3	2			
2	1		6		3
	6		2		1

完成时间：_____分钟　第 06 题

4			2	3	
		3	6		1
	3		5	6	4
6	5	4		1	
		5	4		
	4	6			3

完成时间：_____分钟　第 07 题

2		1		3	
5		6		4	1
			3	1	2
1	2	3			
4	6		1		3
	1		5		4

完成时间：_____分钟　第 08 题

入门级难度　完成总时间：_____分钟

	6	1			4
4		5	6		1
	2			3	6
3	1			5	
6		2	4		3
	4		5	6	

完成时间：_____分钟　第09题

	1			3	
5		4	6		2
4	6			5	3
1	5			4	6
3		1	5		4
	4			2	

完成时间：_____分钟　第10题

6	1			5	2
5		2			1
		6	5	2	
		2	5	6	
2			1		6
3	6			4	5

完成时间：_____分钟　第11题

6	5	4		2	
2			6		5
			2	1	4
4	1	2			
3		6			1
	4		3	6	2

完成时间：_____分钟　第12题

入门级难度　完成总时间：_____分钟

	1			3	
5		4	6		1
1	6			4	5
4	2			6	3
3		2	4		6
	4			5	

完成时间：_____分钟　第13题

	5	3	1	4	
			2	5	
3	4			5	1
5	2			6	3
		4	6		
	6	5	3	1	

完成时间：_____分钟　第14题

5		4		1	
1			4		2
	6		1	2	4
2	4	1		3	
6		3			1
			3		5

完成时间：_____分钟　第15题

	6	5	3		
		3	2		6
5	2			6	3
6	3			2	4
3		2	6		
		6		4	3

完成时间：_____分钟　第16题

入门级难度　完成总时间：______分钟

4	1			5	3
3			4		2
	4	3	1		
		1	3	4	
1		5			4
6	2			3	1

完成时间：______分钟　第 17 题

	2		6	4	3
6	4	3			
3	5	2			
			3	2	5
			5	1	4
4	1	5		3	

完成时间：______分钟　第 18 题

2		5		6	
	1		5		3
1			4	5	
	2	4			1
3		1		4	
	4		3		5

完成时间：______分钟　第 19 题

5	2		4		
1		4	5		
	5			2	3
3	6			4	
		3	2		4
		5		1	6

完成时间：______分钟　第 20 题

入门级难度　完成总时间：______分钟

6	1		3	5	
4		5			6
	2				1
1				3	
2			6		3
	6	4		1	5

完成时间：______分钟　第 21 题

4		2		6	
		6		2	
			6	1	3
6	1	3			
3	6		2		
	2		4		6

完成时间：______分钟　第 22 题

	2		5		3
3	4	5			
	1	2			5
4			2	6	
			6	1	2
2		1		5	

完成时间：______分钟　第 23 题

3	1	6		2	
			1		3
2			6	3	
	3	4			1
1		3			6
	6		3		2

完成时间：______分钟　第 24 题

入门级难度　完成总时间：______分钟

	1		5		6
2	5				1
			6	4	5
4	6	5			
5			2		3
6		3	1	5	

完成时间：______分钟　第 25 题

3	4	2		6	
5			2		4
1				2	
	6				5
4		1			2
	2		4	1	3

完成时间：______分钟　第 26 题

			6	3	2
3	2	6			
4			2		5
2		1			4
			1	5	3
1	3	5			

完成时间：______分钟　第 27 题

1		5		2	
	4			1	3
3		6	1		
		1	6		2
2	1			6	
	6		2		1

完成时间：______分钟　第 28 题

入门级难度　完成总时间：______分钟

	2		6		4
	4	5			2
5		4		1	
	1		4		5
2			5	4	
4		6		2	

完成时间：______分钟　第 29 题

2		6		3	
			5	2	6
1	2	4			
			2	1	4
6	1	5			
	4		1		5

完成时间：______分钟　第 30 题

			5	3	2
	2	5			1
			4	2	6
2	6	4			
5			3	6	
4	3	6			

完成时间：______分钟　第 31 题

	4		1		6
1	6		3		
			2	6	3
2	3	6			
		4		1	5
6		1		3	

完成时间：______分钟　第 32 题

入门级难度　完成总时间：______分钟

			2	3	5
	2	5			6
			6	4	3
4	6	3			
1			5	2	
5	4	2			

完成时间：______分钟　第 33 题

1		2		3	
			5	1	2
5		3		6	
	1		3		5
4	3	1			
	6		1		3

完成时间：______分钟　第 34 题

6	3	1			
	4		3	1	
3		5			2
1			6		3
	5	3		6	
			2	3	5

完成时间：______分钟　第 35 题

6		2		3	
		5		2	4
2	5	1			
			2	1	5
5	3		1		
	2		3		6

完成时间：______分钟　第 36 题

入门级难度　完成总时间：_____分钟

	2	6			
			1		
				3	1
5	3				
		2			
				3	4

完成时间：_____分钟　第37题

	3				1
1		4			
				2	
			2		
				4	5
6				1	

完成时间：_____分钟　第38题

2			1		
			6		
				6	1
4	1				
		3			
		4			5

完成时间：_____分钟　第39题

6					
				2	4
				3	5
		3	4		
		2	6		
					1

完成时间：_____分钟　第40题

入门级难度　完成总时间：______分钟

4		5			
			5		
1				6	
	6				3
		4			
			6		2

完成时间：______分钟　第 41 题

				2	4
	6				5
			4		
		1			
4				5	
6	3				

完成时间：______分钟　第 42 题

					6
		6	3		
	3			6	
	6			5	
		5	1		
4					

完成时间：______分钟　第 43 题

	2				
5	3				
		5	3		
		6	2		
				3	4
				5	

完成时间：______分钟　第 44 题

入门级难度　完成总时间：______分钟

1				5	
				2	1
			4		
		3			
5	2				
	4				5

完成时间：______分钟　第 45 题

2					
	5			2	
		2	5		
		1	6		
	4			5	
					3

完成时间：______分钟　第 46 题

		4		5	
				4	3
5					
					6
6	4				
	2		1		

完成时间：______分钟　第 47 题

1					
			2	6	
		6		4	
	4		1		
	2	4			
					5

完成时间：______分钟　第 48 题

入门级难度　完成总时间：______分钟

			6		1
	6				
			5		2
2		6			
				3	
1		3			

完成时间：______分钟　第 49 题

	6				3
1					
		2	1		
		6	4		
					5
5				6	

完成时间：______分钟　第 50 题

2		5			
				1	
4		6			
			2		4
	4				
			3		5

完成时间：______分钟　第 51 题

	2		5		
4	6				
					2
3					
				6	1
		6		3	

完成时间：______分钟　第 52 题

入门级难度　完成总时间：______分钟

2				5	
		4			1
	1				
				3	
6			3		
	3				4

完成时间：______分钟　第 53 题

			4		
	3	2			
	2				5
1				3	
			6	1	
		4			

完成时间：______分钟　第 54 题

			6		
		5			
	3		1		6
1		2		5	
			2		
		3			

完成时间：______分钟　第 55 题

		2			
			1		5
	5			4	
2				1	
		4			
					6

完成时间：______分钟　第 56 题

入门级难度　完成总时间：______分钟

		2			3
5					
	6			1	
	3			2	
					2
1			6		

完成时间：______分钟　第 57 题

					2
	1				
			6		3
3		1			
	4				
			5	2	

完成时间：______分钟　第 58 题

1		3			
				6	
				3	
3		4			
			5		1
	2				

完成时间：______分钟　第 59 题

1			4		
5					
		6			
			1		
					5
		3			6

完成时间：______分钟　第 60 题

入门级难度　完成总时间：______分钟

			1		
		5			
2				5	
	1				2
			6		
		4			

完成时间：______分钟　第 61 题

4	6				
					2
	5				
				4	
5					
				3	1

完成时间：______分钟　第 62 题

			4		
6		2			
	3				
				6	
			5		3
		5			

完成时间：______分钟　第 63 题

			4	3	
	2				
			1		
		3			
				1	
	5	6			

完成时间：______分钟　第 64 题

答案

四宫数独练习题

NO: 01

1	4	2	3
3	2	4	1
2	1	3	4
4	3	1	2

NO: 02

4	2	1	3
3	1	2	4
2	4	3	1
1	3	4	2

NO: 03

4	2	1	3
1	3	4	2
2	4	3	1
3	1	2	4

NO: 04

4	3	1	2
2	1	4	3
3	4	2	1
1	2	3	4

NO: 05

1	4	2	3
2	3	4	1
3	2	1	4
4	1	3	2

NO: 06

1	2	3	4
3	4	2	1
2	1	4	3
4	3	1	2

NO: 07

4	1	3	2
2	3	1	4
1	2	4	3
3	4	2	1

NO: 08

3	1	2	4
4	2	1	3
1	3	4	2
2	4	3	1

NO: 09

2	3	1	4
1	4	2	3
4	2	3	1
3	1	4	2

NO: 10

3	2	1	4
1	4	3	2
2	1	4	3
4	3	2	1

NO: 11

4	2	1	3
1	3	4	2
3	1	2	4
2	4	3	1

NO: 12

2	1	3	4
4	3	1	2
1	2	4	3
3	4	2	1

趣味数独 I

NO: 13

2	4	3	1
1	3	4	2
4	1	2	3
3	2	1	4

NO: 14

4	1	3	2
2	3	1	4
3	2	4	1
1	4	2	3

NO: 15

3	1	2	4
2	4	3	1
4	2	1	3
1	3	4	2

NO: 16

3	2	4	1
1	4	2	3
4	3	1	2
2	1	3	4

NO: 17

4	1	3	2
2	3	4	1
1	4	2	3
3	2	1	4

NO: 18

4	1	2	3
2	3	4	1
3	2	1	4
1	4	3	2

NO: 19

2	3	4	1
1	4	2	3
4	1	3	2
3	2	1	4

NO: 20

2	4	3	1
1	3	4	2
3	2	1	4
4	1	2	3

NO: 21

2	4	3	1
3	1	2	4
4	3	1	2
1	2	4	3

NO: 22

2	1	3	4
4	3	1	2
1	4	2	3
3	2	4	1

NO: 23

2	1	4	3
3	4	1	2
4	2	3	1
1	3	2	4

NO: 24

4	1	2	3
3	2	4	1
1	4	3	2
2	3	1	4

NO: 25

4	2	1	3
3	1	4	2
1	3	2	4
2	4	3	1

NO: 26

4	1	2	3
3	2	1	4
2	3	4	1
1	4	3	2

NO: 27

2	3	1	4
4	1	3	2
3	4	2	1
1	2	4	3

NO: 28

1	4	2	3
3	2	4	1
4	1	3	2
2	3	1	4

NO: 29
3	1	2	4
2	4	3	1
1	3	4	2
4	2	1	3

NO: 30
1	4	3	2
2	3	4	1
4	2	1	3
3	1	2	4

NO: 31
4	2	3	1
1	3	4	2
2	4	1	3
3	1	2	4

NO: 32
2	4	1	3
1	3	2	4
3	1	4	2
4	2	3	1

NO: 33
2	4	1	3
3	1	4	2
1	3	2	4
4	2	3	1

NO: 34
3	1	2	4
2	4	1	3
4	2	3	1
1	3	4	2

NO: 35
2	3	4	1
4	1	2	3
1	2	3	4
3	4	1	2

NO: 36
2	3	4	1
1	4	3	2
3	1	2	4
4	2	1	3

NO: 37
4	1	2	3
3	2	1	4
1	3	4	2
2	4	3	1

NO: 38
1	2	3	4
3	4	1	2
4	1	2	3
2	3	4	1

NO: 39
3	2	4	1
4	1	3	2
1	3	2	4
2	4	1	3

NO: 40
3	4	1	2
2	1	4	3
4	3	2	1
1	2	3	4

NO: 41
2	3	1	4
4	1	2	3
3	2	4	1
1	4	3	2

NO: 42
4	3	2	1
1	2	4	3
3	4	1	2
2	1	3	4

NO: 43
1	3	2	4
4	2	1	3
3	1	4	2
2	4	3	1

NO: 44
3	1	4	2
4	2	3	1
1	3	2	4
2	4	1	3

趣味数独 ❶

NO: 45

2	4	1	3
1	3	2	4
4	2	3	1
3	1	4	2

NO: 46

3	2	4	1
1	4	2	3
4	3	1	2
2	1	3	4

NO: 47

2	4	3	1
3	1	2	4
1	3	4	2
4	2	1	3

NO: 48

4	3	2	1
2	1	4	3
1	2	3	4
3	4	1	2

NO: 49

2	1	4	3
4	3	2	1
1	4	3	2
3	2	1	4

NO: 50

4	2	1	3
1	3	4	2
3	4	2	1
2	1	3	4

NO: 51

1	3	4	2
2	4	1	3
4	2	3	1
3	1	2	4

NO: 52

3	1	4	2
4	2	1	3
1	3	2	4
2	4	3	1

NO: 53

2	1	4	3
3	4	2	1
4	3	1	2
1	2	3	4

NO: 54

3	2	1	4
1	4	3	2
2	1	4	3
4	3	2	1

NO: 55

3	2	1	4
1	4	2	3
2	3	4	1
4	1	3	2

NO: 56

1	3	4	2
4	2	1	3
3	1	2	4
2	4	3	1

NO: 57

2	1	4	3
4	3	2	1
1	4	3	2
3	2	1	4

NO: 58

2	1	3	4
3	4	2	1
4	2	1	3
1	3	4	2

NO: 59

2	4	1	3
1	3	2	4
3	2	4	1
4	1	3	2

NO: 60

4	3	1	2
2	1	3	4
3	4	2	1
1	2	4	3

NO: 61

2	4	1	3
1	3	4	2
4	2	3	1
3	1	2	4

NO: 62

1	3	4	2
2	4	3	1
3	1	2	4
4	2	1	3

NO: 63

1	2	3	4
3	4	2	1
4	3	1	2
2	1	4	3

NO: 64

1	3	4	2
2	4	1	3
4	2	3	1
3	1	2	4

六宫数独练习题

NO: 01

4	6	1	2	3	5
3	5	2	4	1	6
2	4	3	5	6	1
5	1	6	3	2	4
1	2	5	6	4	3
6	3	4	1	5	2

NO: 02

3	2	5	6	4	1
6	4	1	3	5	2
1	5	3	4	2	6
2	6	4	5	1	3
5	3	2	1	6	4
4	1	6	2	3	5

NO: 03

3	2	5	1	6	4
1	4	6	5	2	3
4	5	3	2	1	6
6	1	2	4	3	5
5	6	1	3	4	2
2	3	4	6	5	1

NO: 04

1	3	6	2	4	5
4	5	2	6	3	1
3	6	1	4	5	2
5	2	4	1	6	3
2	4	5	3	1	6
6	1	3	5	2	4

NO: 05

1	6	4	2	3	5
5	2	3	4	1	6
2	4	6	3	5	1
3	1	5	6	4	2
6	3	1	5	2	4
4	5	2	1	6	3

NO: 06

6	4	1	3	2	5
3	2	5	4	1	6
4	5	6	1	3	2
1	3	2	5	6	4
2	1	4	6	5	3
5	6	3	2	4	1

NO: 07

4	6	1	2	3	5
5	2	3	6	4	1
1	3	2	5	6	4
6	5	4	3	1	2
3	1	5	4	2	6
2	4	6	1	5	3

NO: 08

2	4	1	6	3	5
5	3	6	2	4	1
6	5	4	3	1	2
1	2	3	4	5	6
4	6	5	1	2	3
3	1	2	5	6	4

NO: 09

2	6	1	3	4	5
4	3	5	6	2	1
5	2	4	1	3	6
3	1	6	2	5	4
6	5	2	4	1	3
1	4	3	5	6	2

NO: 10

2	1	6	4	3	5
5	3	4	6	1	2
4	6	2	1	5	3
1	5	3	2	4	6
3	2	1	5	6	4
6	4	5	3	2	1

NO: 11

6	1	3	4	5	2
5	4	2	3	6	1
1	3	6	5	2	4
4	2	5	6	1	3
2	5	4	1	3	6
3	6	1	2	4	5

NO: 12

6	5	4	1	2	3
2	3	1	6	4	5
5	6	3	2	1	4
4	1	2	5	3	6
3	2	6	4	5	1
1	4	5	3	6	2

NO: 13

2	1	6	5	3	4
5	3	4	6	2	1
1	6	3	2	4	5
4	2	5	1	6	3
3	5	2	4	1	6
6	4	1	3	5	2

NO: 14

6	5	3	1	4	2
4	1	2	5	3	6
3	4	6	2	5	1
5	2	1	4	6	3
1	3	4	6	2	5
2	6	5	3	1	4

NO: 15

5	2	4	6	1	3
1	3	6	4	5	2
3	6	5	1	2	4
2	4	1	5	3	6
6	5	3	2	4	1
4	1	2	3	6	5

NO: 16

2	6	5	3	4	1
4	1	3	2	5	6
5	2	4	1	6	3
6	3	1	5	2	4
3	4	2	6	1	5
1	5	6	4	3	2

NO: 17

4	1	2	6	5	3
3	5	6	4	1	2
5	4	3	1	2	6
2	6	1	3	4	5
1	3	5	2	6	4
6	2	4	5	3	1

NO: 18

5	2	1	6	4	3
6	4	3	1	5	2
3	5	2	4	6	1
1	6	4	3	2	5
2	3	6	5	1	4
4	1	5	2	3	6

NO: 19

2	3	5	1	6	4
4	1	6	5	2	3
1	6	3	4	5	2
5	2	4	6	3	1
3	5	1	2	4	6
6	4	2	3	1	5

NO: 20

5	2	6	4	3	1
1	3	4	5	6	2
4	5	1	6	2	3
3	6	2	1	4	5
6	1	3	2	5	4
2	4	5	3	1	6

NO: 21

6	1	2	3	5	4
4	3	5	1	2	6
5	2	3	4	6	1
1	4	6	5	3	2
2	5	1	6	4	3
3	6	4	2	1	5

NO: 22

4	3	2	1	6	5
1	5	6	3	2	4
2	4	5	6	1	3
6	1	3	5	4	2
3	6	4	2	5	1
5	2	1	4	3	6

NO: 23

1	2	6	5	4	3
3	4	5	1	2	6
6	1	2	4	3	5
4	5	3	2	6	1
5	3	4	6	1	2
2	6	1	3	5	4

NO: 24

3	1	6	4	2	5
5	4	2	1	6	3
2	5	1	6	3	4
6	3	4	2	5	1
1	2	3	5	4	6
4	6	5	3	1	2

趣味数独 Ⅰ

NO: 25

3	1	4	5	2	6
2	5	6	4	3	1
1	3	2	6	4	5
4	6	5	3	1	2
5	4	1	2	6	3
6	2	3	1	5	4

NO: 26

3	4	2	5	6	1
5	1	6	2	3	4
1	5	4	3	2	6
2	6	3	1	4	5
4	3	1	6	5	2
6	2	5	4	1	3

NO: 27

5	1	4	6	3	2
3	2	6	5	4	1
4	6	3	2	1	5
2	5	1	3	6	4
6	4	2	1	5	3
1	3	5	4	2	6

NO: 28

1	3	5	4	2	6
6	4	2	5	1	3
3	2	6	1	5	4
4	5	1	6	3	2
2	1	4	3	6	5
5	6	3	2	4	1

NO: 29

1	2	3	6	5	4
6	4	5	1	3	2
5	6	4	2	1	3
3	1	2	4	6	5
2	3	1	5	4	6
4	5	6	3	2	1

NO: 30

2	5	6	4	3	1
4	3	1	5	2	6
1	2	4	6	5	3
5	6	3	2	1	4
6	1	5	3	4	2
3	4	2	1	6	5

NO: 31

6	4	1	5	3	2
3	2	5	6	4	1
1	5	3	4	2	6
2	6	4	1	5	3
5	1	2	3	6	4
4	3	6	2	1	5

NO: 32

5	4	3	1	2	6
1	6	2	3	5	4
4	1	5	2	6	3
2	3	6	5	4	1
3	2	4	6	1	5
6	5	1	4	3	2

NO: 33

6	1	4	2	3	5
3	2	5	4	1	6
2	5	1	6	4	3
4	6	3	1	5	2
1	3	6	5	2	4
5	4	2	3	6	1

NO: 34

1	5	2	6	3	4
3	4	6	5	1	2
5	2	3	4	6	1
6	1	4	3	2	5
4	3	1	2	5	6
2	6	5	1	4	3

NO: 35

6	3	1	5	2	4
5	4	2	3	1	6
3	6	5	1	4	2
1	2	4	6	5	3
2	5	3	4	6	1
4	1	6	2	3	5

NO: 36

6	4	2	5	3	1
3	1	5	6	2	4
2	5	1	4	6	3
4	6	3	2	1	5
5	3	6	1	4	2
1	2	4	3	5	6

NO: 37

1	2	6	4	5	3
4	5	3	1	2	6
2	6	4	5	3	1
5	3	1	2	6	4
3	4	2	6	1	5
6	1	5	3	4	2

NO: 38

2	3	5	4	6	1
1	4	6	5	2	3
4	1	3	2	5	6
5	6	2	1	3	4
3	2	1	6	4	5
6	5	4	3	1	2

NO: 39

2	6	5	1	3	4
3	4	1	6	5	2
5	3	2	4	6	1
4	1	6	5	2	3
1	5	3	2	4	6
6	2	4	3	1	5

NO: 40

6	4	2	5	1	3
3	1	5	2	4	6
2	6	1	3	5	4
5	3	4	1	6	2
1	2	6	4	3	5
4	5	3	6	2	1

NO: 41

4	3	5	1	2	6
2	1	6	5	3	4
1	4	3	2	6	5
5	6	2	4	1	3
6	2	4	3	5	1
3	5	1	6	4	2

NO: 42

1	5	3	6	2	4
2	6	4	1	3	5
5	2	6	4	1	3
3	4	1	5	6	2
4	1	2	3	5	6
6	3	5	2	4	1

NO: 43

3	4	2	5	1	6
1	5	6	3	4	2
5	3	4	2	6	1
2	6	1	4	5	3
6	2	5	1	3	4
4	1	3	6	2	5

NO: 44

6	2	4	5	1	3
5	3	1	4	2	6
2	4	5	3	6	1
3	1	6	2	4	5
1	5	2	6	3	4
4	6	3	1	5	2

NO: 45

1	3	2	6	5	4
6	5	4	3	2	1
2	1	5	4	3	6
4	6	3	5	1	2
5	2	6	1	4	3
3	4	1	2	6	5

NO: 46

2	1	4	3	6	5
3	5	6	1	2	4
4	6	2	5	3	1
5	3	1	6	4	2
1	4	3	2	5	6
6	2	5	4	1	3

NO: 47

2	3	4	6	5	1
1	5	6	2	4	3
5	6	3	4	1	2
4	1	2	5	3	6
6	4	1	3	2	5
3	2	5	1	6	4

NO: 48

1	6	2	3	5	4
4	5	3	2	6	1
3	1	6	5	4	2
2	4	5	1	3	6
5	2	4	6	1	3
6	3	1	4	2	5

NO: 49

5	3	2	6	4	1
4	6	1	3	2	5
3	1	4	5	6	2
2	5	6	4	1	3
6	2	5	1	3	4
1	4	3	2	5	6

NO: 50

2	6	4	5	1	3
1	3	5	6	2	4
4	5	2	1	3	6
3	1	6	4	5	2
6	2	1	3	4	5
5	4	3	2	6	1

NO: 51

2	1	5	4	3	6
6	3	4	5	1	2
4	2	6	1	5	3
3	5	1	2	6	4
5	4	3	6	2	1
1	6	2	3	4	5

NO: 52

1	2	3	5	4	6
4	6	5	1	2	3
6	4	1	3	5	2
3	5	2	6	1	4
5	3	4	2	6	1
2	1	6	4	3	5

NO: 53

2	6	1	4	5	3
3	5	4	6	2	1
5	1	3	2	4	6
4	2	6	1	3	5
6	4	5	3	1	2
1	3	2	5	6	4

NO: 54

5	6	1	4	2	3
4	3	2	5	6	1
3	2	6	1	4	5
1	4	5	2	3	6
2	5	3	6	1	4
6	1	4	3	5	2

NO: 55

3	2	1	6	4	5
6	4	5	3	1	2
5	3	4	1	2	6
1	6	2	4	5	3
4	5	6	2	3	1
2	1	3	5	6	4

NO: 56

5	1	2	3	6	4
4	6	3	1	2	5
3	5	1	6	4	2
2	4	6	5	1	3
6	3	4	2	5	1
1	2	5	4	3	6

NO: 57

6	1	2	4	5	3
5	4	3	2	6	1
2	6	5	3	1	4
4	3	1	5	2	6
3	5	6	1	4	2
1	2	4	6	3	5

NO: 58

6	5	4	1	3	2
2	1	3	4	5	6
4	2	5	6	1	3
3	6	1	2	4	5
5	4	2	3	6	1
1	3	6	5	2	4

NO: 59

1	6	3	2	5	4
2	4	5	1	6	3
6	1	2	4	3	5
3	5	4	6	1	2
4	3	6	5	2	1
5	2	1	3	4	6

NO: 60

1	6	2	4	5	3
5	3	4	6	2	1
2	1	6	5	3	4
3	4	5	1	6	2
6	2	1	3	4	5
4	5	3	2	1	6

NO: 61

4	6	2	1	3	5
1	3	5	2	4	6
2	4	6	3	5	1
5	1	3	4	6	2
3	5	1	6	2	4
6	2	4	5	1	3

NO: 62

4	6	2	1	5	3
1	3	5	4	6	2
3	5	4	2	1	6
6	2	1	3	4	5
5	1	3	6	2	4
2	4	6	5	3	1

NO: 63

1	5	3	4	2	6
6	4	2	1	3	5
4	3	6	2	5	1
5	2	1	3	6	4
2	6	4	5	1	3
3	1	5	6	4	2

NO: 64

5	6	1	4	3	2
3	2	4	6	5	1
2	4	5	1	6	3
6	1	3	2	4	5
4	3	2	5	1	6
1	5	6	3	2	4

趣味数独 初级

主编　王婧雯

越玩越聪明的数字游戏

进入数独的世界　发现数字之美
打开数学的视野　体验思考的乐趣

学校：_____

班级：_____

姓名：_____

河南大学出版社
HENAN UNIVERSITY PRESS
·郑州·

图书在版编目（CIP）数据

趣味数独 / 王婧雯主编. -- 郑州：河南大学出版社，2021.9
ISBN 978-7-5649-4875-7

Ⅰ.①趣… Ⅱ.①王… Ⅲ.①智力游戏–青少年读物 Ⅳ.①G898.2

中国版本图书馆CIP数据核字(2021)第200683号

趣味数独
QUWEI SHUDU

责任编辑	王丽芳
责任校对	仝一帆
封面设计	荣恒设计部
版式设计	荣恒排版部

出版发行	河南大学出版社		
	地址：郑州市郑东新区商务外环中华大厦2401号　邮编:450046		
	电话：0371-86059752（自然科学与外语部）		
	0371-86059701（营销部）		
	网址：hupress.henu.edu.cn		
印　刷	河南省诚和印制有限公司	印　次	2021年9月第1次印刷
版　次	2021年9月第1版	印　张	16
开　本	890 mm × 1240 mm 1/16		
字　数	160千	定　价	100.00元（全四册）

（本书如有印装质量问题，请与河南大学出版社营销部联系调换。）

目录

第一章 九宫数独元素……………01

第二章 九宫数独规则及解题方法…03

第三章 九宫数独经典例题解析……07

第四章 九宫数独练习题……………11

答　案………………51

第一章
九宫数独元素

数独的元素指数独中最基本概念的名称和含义。在做数独题之前我们需要先了解一下行、列、宫的概念和位置名称，掌握这些名词有利于我们后续的沟通和理解。我们先来看一下九宫数独的元素示意图。

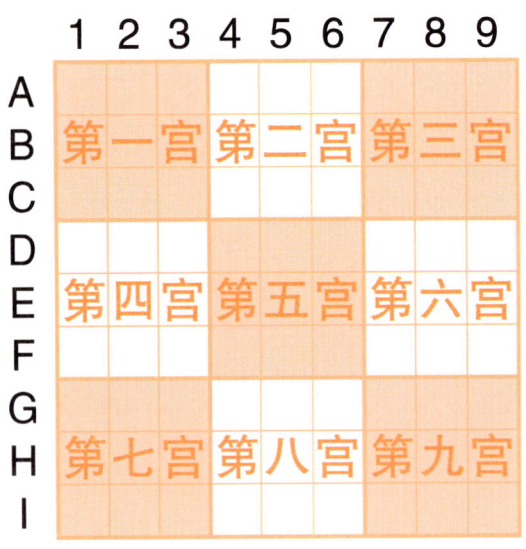

九宫数独元素示意图

单元格：数独盘面中最小的单位，即一个格子，通常简称为"格"，每个格内只有一个确定的数字。

行：数独盘面中水平方向9个单元格组成的区域总称，从上到下依次为A行、B行、C行、D行、E行、F行、G行、H行、I行，用英文字母表示。

列：数独盘面中垂直方向9个单元格组成的区域总称，从左到右依次为1列、2列、3列、4列、5列、6列、7列、8列、9列，用数字表示。

宫：数独盘面中粗线围成的3×3单元格组成的区域总称，从左到右、从上到下依次为第一宫、第二宫、第三宫、第四宫、第五宫、第六宫、第七宫、第八宫、第九宫。

已知数：数独题目给定的数字。

单元格（格）坐标标示方法：根据上述所标示的行和列的名称组合得出每个格子位置的坐标名称，如E行第五格，我们称之为"E5"格。

第二章
九宫数独规则及解题方法

九宫数独规则： 在空白格内填入数字 1—9，使得每行、每列、每宫内数字均不重复。

	8			7			2	
9		4				8		7
	3		5		1		4	
		8		9		3		
3			6		4			8
		7		3		5		
	5		2		3		7	
4		1				2		5
	9			4			8	

例题

6	8	5	4	7	9	1	2	3
9	1	4	3	2	6	8	5	7
7	3	2	5	8	1	9	4	6
5	4	8	1	9	7	3	6	2
3	2	9	6	5	4	7	1	8
1	6	7	8	3	2	5	9	4
8	5	6	2	1	3	4	7	9
4	7	1	9	6	8	2	3	5
2	9	3	7	4	5	6	8	1

答案

唯一数法： 当数独盘面中行、列、宫中只剩一个空格时，通过数数找出没有出现的数字并将其填入空格的方法。

	1	2	3	4	5	6	7	8	9
A						9			
B						3			
C						4			
D	2	5	7	3	1	6	?	8	4
E				?	4	8			
F				9	5	7			
G						?			
H						1			
I						2			

图 2-1

我们一起来观察图 2-1，根据九宫数独的规则，每行内的数字不能重复，观察 D 行，通过点算，发现 1—9 中只剩下数字 9 没有出现，即 D7=9；同样观察第 6 列，通过点算，发现 1—9 中只有数字 5 没有出现，即 G6=5；再看第五宫，剩下数字 2 没有出现，即 E4=2。

唯一数法是最直观、最基础的方法，通过点数就能发现。虽然简单，但也是很重要的方法，特别是在竞速的数独比赛中，能够快速发现唯一数也是获胜的关键之一。

宫排除法：以宫为目标，通过某一数字对某个宫进行排除，使得这个宫内只有一个格子可以填入该数字的方法。通常从相同数字多的数字开始，对没有这个数字的宫进行排除。宫排除法是数独最常用的基本解题方法之一。

	1	2	3	4	5	6	7	8	9
A							×	×	?
B						8	×	×	×
C	6						×	×	9
D		8		×	×	×			
E				×	×	×		8	
F				×	?	×			
G	?	5	2						
H	×	×	×				8		
I	×	×	×	8					

图 2-2

我们一起来观察图 2-2 第五宫，由于 B6=8，根据规则，同在第 6 列的 D6、E6、F6 三格不能再填数字 8，如图 2-2 打叉处。同理 I4=8 可以排除，同在第 4 列的 D4、E4、F4 三格不能是 8。D2=8 排除 D4、D5、D6 三格不能填 8，E8=8 排除 E4、E5、E6 三格不能填 8，于是第五宫只剩下 F5 一格没有被排除，于是剩下的唯一一格 F5=8。这种通过某个数字对某个宫进行排除得出数字的方法就叫宫排除法。

同样用宫排除法得出 A9=8（用 B6、E8、H7 三格内的数字 8 对第三宫进行排除），G1=8（用 H7、I4 两格内的数字 8 对第七宫进行排除即可得出）。

行列排除法： 以行或列为目标，通过某一数字对某行或某列进行排除，使得该行或该列只有一个格子可以填该数字的方法。通常在题目中已知数字在某行或某列内较多时选择使用，也是排除法中常用的基本解题方法之一。

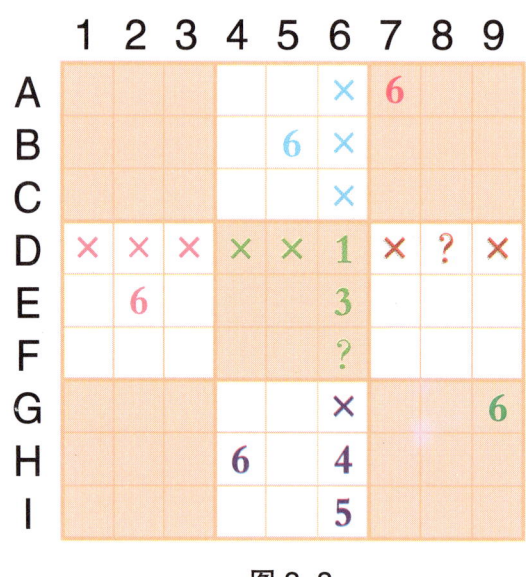

图 2-3

观察图 2-3 中的 D 行，由于 E2=6，所以同在第四宫的 D1、D2、D3 不能再填数字 6；由于 H4=6，所以同在第 4 列的 D4 不能再填数字 6；同样由于 B5、A7、G9 等于 6，排除掉 D5、D7、D9 三格填 6 的可能性。于是 D 行只剩下最后一格 D8，即 D8=6。接下来，大家可以尝试通过行排除法和列排除法得出一个结论：第四宫的 E5 格所在行不能填 6，同属该宫的 F4、F5 所在列也不能填 6，因此，第四宫的 6 只能填到 F6 处。综上，F6=6。

第三章

九宫数独经典例题解析

九宫数独规则： 在空白格内填入数字1—9，使得每行、每列、每宫内数字均不重复。

	1	2	3	4	5	6	7	8	9
A		2	9		4			3	
B	1		3						2
C					8	3		1	4
D			7	9		4			
E	9		4				1		6
F					8		1	4	
G	4	6		3	7				
H		2					7		9
I			9			1		3	4

图 3-1

如图 3-1 所示，这是一道普通的九宫数独，我们可以从相同数字多的开始，比如数字 1 或者 4，这里可以先考虑数字 1。观察第二宫，由于 B1=1，同在 B 行的 B4、B5、B6 就不能再填数字 1。因为 C8=1，同在 C 行的 C4 也不能填数字 1。又因为 F6=1，排除第二宫 A6 格不能填 1，于是第二宫的数字 1 只能填在 A4 格，即 A4=1。再看第四宫，同理可以得出 D2=1，同理可以得出第九宫 G9=1，第七宫 H3=1，如图 3-2 所示。

	1	2	3	4	5	6	7	8	9
A		2	9	1	4			3	
B	1		3						2
C					8	3		1	4
D		1	7	9		4			
E	9		4				1		6
F					8		1	4	
G	4	6		3	7				1
H		2	1				7		9
I			9			1		3	4

图 3-2

接下来可以出数的线索比较多，可以再看一下数字 4，通过宫排除可以得出第一宫 B2=4，第八宫 H4=4，如图 3-3 所示。

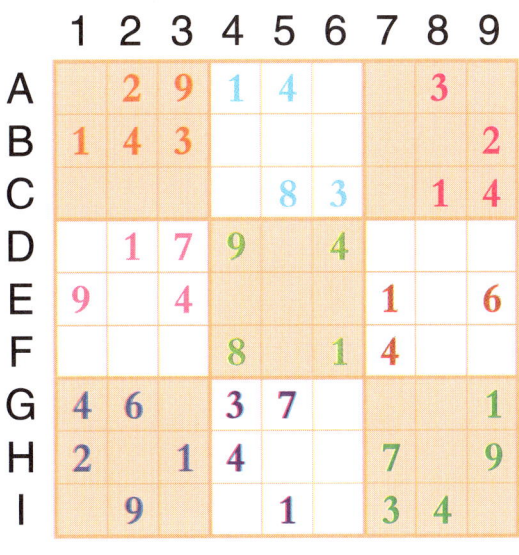

	1	2	3	4	5	6	7	8	9
A		2	9	1	4			3	
B	1	4	3						2
C					8	3		1	4
D		1	7	9		4			
E	9		4				1		6
F				8		1	4		
G	4	6		3	7				1
H	2		1	4			7		9
I		9			1		3	4	

图 3–3

下面可以观察数字 9，用同样的排除方法，可以得到图 3–4 所示的局面，注意出数字的顺序。

	1	2	3	4	5	6	7	8	9
A		2	9	1	4			3	
B	1	4	3		9				2
C					8	3	9	1	4
D		1	7	9		4			
E	9		4				1		6
F				8		1	4	9	
G	4	6		3	7	9			1
H	2		1	4			7		9
I		9			1		3	4	

图 3–4

接下来就是选择不同的数字，重复使用排除法就可以得出终盘。注意某些数字暂时得不出来，并不影响结果，可以换一个数字继续观察、排除；当其他数字被推理出来，再来观察、排除。最后的答案如图 3-5。

	1	2	3	4	5	6	7	8	9
A	8	2	9	1	4	7	6	3	5
B	1	4	3	5	9	6	8	7	2
C	5	7	6	2	8	3	9	1	4
D	6	1	7	9	2	4	5	8	3
E	9	8	4	7	3	5	1	2	6
F	3	5	2	8	6	1	4	9	7
G	4	6	8	3	7	9	2	5	1
H	2	3	1	4	5	8	7	6	9
I	7	9	5	6	1	2	3	4	8

图 3-5

我们拿到一道九宫数独，首先可以观察相同数字多的数字，优先考虑排除法，尤其是宫排除法。通常题目有不止一个入手点，未来出数的方法也可能有多种，在练好基本功的基础之上，观察到哪里可以出数就从哪里开始填数即可。不必纠结于一定要从哪个数字或者哪一个区域开始。在填的过程中，可能会遇到暂时得不出数字的情况，可以换一个数字进行观察、分析，等其他数字出来占位之后，再考虑之前填不出的数字，也许就会柳暗花明了。数独观察角度不唯一，解题途径也不唯一，只是最终答案唯一。不同的解题途径不影响最后的结果，但是会影响解题的速度，这就需要我们在练习中去体验、总结、改善、提升，直至成为高手。

第四章

九宫数独练习题

九宫数独规则：在空格内填入数字 1—9，使得每行、每列和每宫里的数字都是 1—9，且不能重复。

关注公众号
“码”上看答案

初级难度　完成总时间：______分钟

7	1	8	4		3	2	6	5
3	2		8	7	6		9	1
6		9	1		2	3		8
9	8	3		6		7	4	2
	5		7	4	9		8	
4	7	6		2		5	1	9
1		4	9		5	8		7
5	9		6	8	7		3	4
8	3	7	2		4	9	5	6

完成时间：______分钟　第 01 题

	7	6	1	5	8	2	4	
2		8	4	6	9	3		5
4	5	9		2		1	8	6
8	4		5		1		9	3
7	6		8	9	2		1	4
1	9		6		3		2	7
5	2	7		1		4	3	8
6		1	7	8	4	9		2
	8	4	2	3	5	7	6	

完成时间：______分钟　第 02 题

	8	3	4	1	6	2	7	
4	6		9	7	8		5	3
1	9	7				8	4	6
6		8	1	2	4	3		7
9	3	1		8		4	6	2
7		4	3	6	9	5		8
8	4	5				7	3	1
3	7		8	4	1		2	5
	1	9	7	5	3	6	8	

完成时间：______分钟　第 03 题

3	8	7	6		5	2	4	1
1			4	7	8	3		5
5	4		2	1	3			9
4	7	2		8		5	9	6
	5	8	7	6	4	1	2	
6	1	3		5		7	8	4
7			8	4	9		1	2
		4	1	3	7			8
8	9	1	5		6	4	3	7

完成时间：______分钟　第 04 题

初级难度 完成总时间：______分钟

8	4	3	1		5	2	7	6
6			7	3	2	8		4
1	7	2	6		4	3		5
9	6	7		4		5	2	3
	5		2	7	9		4	
2	1	4		5		9	8	7
5		6	9		7	4	3	2
4		1	5	2	8			9
7	2	9	4		3	1	5	8

完成时间：______分钟 第 05 题

	9	8	6	4	7	1	5	
6	5	1	9			4	7	8
2	7		5	8	1		9	6
4		5		9		6	3	7
8		7	4	6	5	2		9
9	1	6		2		8		5
1	4		2	7	6		8	3
5	8	2			9	7	6	4
	6	3	8	5	4	9	2	

完成时间：______分钟 第 06 题

9	5	1	7		8	4	3	
7			4	9	3	6	1	5
6	3	4	5		1	8	9	
8	2	5		1		3	7	4
3			2	7	4			8
4	7	9		3		1	2	6
	6	7	3		9	2	4	1
1	4	3	6	5	2			9
	9	8	1		7	5	6	3

完成时间：______分钟 第 07 题

2	7	9	4		1	6	8	
5	6		8		9	2	4	7
8	3		7	6	2	1	9	
7	4	2		1		5		9
6		8	3	4	5	7		1
1		3		2		8	6	4
	8	5	1	9	6		7	2
9	1	6	2		4		5	8
	2	7	5		3	9	1	6

完成时间：______分钟 第 08 题

初级难度　完成总时间：______分钟

	3	8	4	9	5	1	6	
5			3	6	1			8
1		6		2		3		5
7	9		5		6		1	2
8	5	3				4	7	6
6	1		8		4		5	3
3		1		4		5		9
9			1	5	2			4
	6	5	9	8	3	7	2	

完成时间：______分钟　第 09 题

	9		1	8	7	4	2	
7		8		6		9		1
1	4		5	2	9		3	
6		4	9		3	2		5
9	5	1				6	4	3
2		3	4		6	7		9
	6		2	3	8		9	4
8		9		4		5		2
	1	2	7	9	5		6	

完成时间：______分钟　第 10 题

7		1	2	5	3		6	
2		6	8	9	1		4	
5		9				2	1	3
	9		1	4	5		2	7
1	2	4				5	3	9
6	5		9	3	2		8	
8	7	3				4		2
	6		3	2	7	8		1
	1		5	8	4	3		6

完成时间：______分钟　第 11 题

1	9		6	5	4		3	
4		2		7		5	1	9
	3		2	1	9		6	
5		9	3		1	6		8
3	4	1				9	2	7
6		8	9		7	1		3
	1		4	8	6		9	
9	5	6		3		4		1
	8		1	9	5		7	6

完成时间：______分钟　第 12 题

初级难度　完成总时间：______分钟

	4		7	6	3		8	
8	5	7		4		6	2	3
	6		8	5	2		1	
1		4		8		2		6
5	2	6	1		9	3	4	8
9		8		2		5		1
	1		6	3	8		5	
6	9	5		1		8	3	7
	8		5	9	7		6	

完成时间：______分钟　第 13 题

	3	2	4	7	1	5	8	
5			9	6	3			4
4	7	6				9	3	1
	4		5	1	9		2	
1	5	3				8	9	7
	2		8	3	7		4	
2	1	8				7	6	9
7			1	8	6			2
	6	5	7	9	2	4	1	

完成时间：______分钟　第 14 题

	4	8	5	3	9	1	6	
6		3		4		7		8
	5	1		6		9	4	
4	6		3		2		1	5
9	8		1		5		3	4
3	1		6		4		7	9
	2	6		5		3	9	
5		9		2		4		1
	7	4	9	1	3	5	2	

完成时间：______分钟　第 15 题

	5	2	4	8	7	1	6	
9		6	2		5	3		8
1	4	8				5	7	2
5	6			7			3	4
8			6		4			7
4	2			9			1	6
2	3	1				6	9	5
7		5	1		2	4		3
	8	4	3	5	9	7	2	

完成时间：______分钟　第 16 题

初级难度　完成总时间：______分钟

	5			2	8	6	3	4
2	8	6		9	3			5
	4	1		7	5	8		2
			5		6	9	8	3
4	6	3				1	5	7
5	9	8	7		1			
8		7	2	5		3	6	
9			8	6		5	2	1
6	2	5	3	1			7	

完成时间：______分钟　第 17 题

9		3	1	2	6		5	
			9	5	8	7	3	6
8		5		4		2	9	
7	5		4		1		6	2
4	1	2				3	7	5
3	8		5		2		4	9
	9	8		1		5		3
5	4	1	2	9	3			
	3		8	6	5	9		4

完成时间：______分钟　第 18 题

1	4		7	2	8		9	
	7		3	6		4	8	1
6	9	8		1			2	
7		1	4		6	2		9
9		2	8		1	6		3
3		4	9		2	7		8
5	1	9		4			7	
	2		1	8		9	3	5
8	3		2	9	5		6	

完成时间：______分钟　第 19 题

	7	4	9	2	1	6	8	
9			8	3	4			1
8		1		7		9		4
6	8		2		9		4	3
1	9	5				8	7	2
2	4		5		7		9	6
4		8		5		3		9
7			4	6	3			8
	3	2	1	9	8	4	6	

完成时间：______分钟　第 20 题

初级难度 完成总时间：______分钟

8	6	7			3		5	9
4		5		9		3		2
	2		4	5	8		6	1
9		6	5		2	1		
	8	2				6	4	
		3	6		4	2	9	
2	7		9	6	5		1	
6		8		3		5		4
5	3		8			9	2	6

完成时间：______分钟 第 21 题

	2	6	4		1		8	
7		9		2	6	1		4
	4		7		9		3	6
4	1	2		3		5		7
	5		2		4		1	
6		3		1		4	2	8
1	6		5		3		4	
8		4	1	6		3		5
	3		8		7	9	6	

完成时间：______分钟 第 22 题

1		2	3		4		8	
5		6	7	9	8		1	
9		8				3	7	5
			9	8	2		3	4
4	2	3				6	9	8
8	9		4	6	3			
2	1	5				7		9
	8		2	4	7	5		1
	6		5		9	8		3

完成时间：______分钟 第 23 题

	2		1	5	9		8	
9	5	7				3	1	6
	8		3	6	7		5	
4		6			5	7		3
8		9	2		6	5		1
5		2			4	8		9
	4		9	7	1		3	
7	6	1				2	9	8
	9		6	8	2		7	

完成时间：______分钟 第 24 题

初级难度 完成总时间：______分钟

		2	5	3	6	1		
6	3	7				5	8	2
		1	2	8	7	3		
7	1		8		3		5	4
	9		6		1		7	
3	4		7		2		9	1
		3	4	7	5	9		
5	7	9				4	3	6
		4	3	6	9	7		

完成时间：______分钟 第 25 题

	3	2	5	7	4	1	9	
7		4		8		2		5
	8	5		3		6	7	
9			4		8			1
3	6		1		7		4	9
4			3		9			2
	4	6		1		9	5	
5		9		4		8		3
	7	3	2	9	5	4	1	

完成时间：______分钟 第 26 题

3	5	8		1	9	6		
4			2	8	3		9	
1		2		5		3		7
	6		1		7		4	2
7	1	9				5	3	6
8	2		6		5		7	
2		7		6		4		9
	3		5	2	4			8
		5	9	7		2	1	3

完成时间：______分钟 第 27 题

6		1			8	4	3	2
3		7	4	9	6			
8			1		3		9	6
9	3	2		6		8	4	
	6		2		9		5	
	1	5		3		2	6	9
2	7		3		5			4
			6	4	7	3		5
5	4	3	9			6		8

完成时间：______分钟 第 28 题

初级难度　完成总时间：______分钟

	4		5	9	1		2	
8		5		7		9	3	4
	9	7		8	4		5	
1			8		9	4		7
9	7	8				2	1	3
3		4	2		7			9
	2		9	4		8	7	
4	8	1		2		3		5
	3		1	5	8		4	

完成时间：______分钟　第 29 题

4		3	8	7	9		5	
				2	6	8	9	3
8		9		3		4	7	
1			9		2		3	7
3	9	5				1	2	6
6	7		3		5			8
	1	6		5		3		4
2	3	8	1	9				
	4		6	8	3	2		9

完成时间：______分钟　第 30 题

3		8			4	6	9	7
4		5	7	6	3			
7		6			9	3	4	5
9	5	2		7			3	
	7		3		1		2	
	3			5		4	7	9
2	8	7	6			9		3
			2	3	8	7		4
5	4	3	9			2		8

完成时间：______分钟　第 31 题

7		4			3	8	5	2
2		3	5	7	8			
9			6		4		7	1
1	9	7		5		2	8	
	5		2		7		9	
	4	2		9		5	3	7
8	2		4		5			3
			1	3	2	9		8
4	3	1	7			6		5

完成时间：______分钟　第 32 题

初级难度　完成总时间：______分钟

8		1	2		9	6		4
	3		5		4		1	
6			8		7			3
4	9	3				1	8	2
5	8	7				3	4	6
2			3		5			9
	7		6		8		3	
3		8	9		1	4		7

完成时间：______分钟　第 33 题

	3	6			5		2	
9		2		4	6			3
				3	1		6	4
5	4	8	6		3			
	2	3				4	1	
			4		7	3	8	5
3	8		1	9				
2			7	5		8		1
	5		3			2	4	

完成时间：______分钟　第 34 题

6	2	3						9
			7		6	3		1
	1		5	2	3			6
	6	1		5		8	9	
		2	8		9	7		
	7	9		6		1	3	
2			6	4	1		5	
1		5	2		8			
7						2	1	8

完成时间：______分钟　第 35 题

		5		9	8		2	
8		2	3		7			
		3		5		8	1	6
2	3		8		6		9	
9		6				2		4
	4		9		5		6	7
3	8	1		7		6		
			6		2	4		1
	2		5	1		9		

完成时间：______分钟　第 36 题

初级难度　完成总时间：______分钟

	5	2			8		1	
7		4		2	1			8
			5		7		4	3
3	4	5		7		1		
	9		8		3		6	
		6		1		5	3	9
4	8		2		5			
5			7	6		8		4
	2		1			3	7	

完成时间：______分钟　第 37 题

	1		2	4	6		3	
7	4	2				5	6	9
	8			9			2	
9			8		1			6
4		1				9		8
8			9		4			3
	9			5			8	
1	5	4				3	9	2
	6		4	3	9		1	

完成时间：______分钟　第 38 题

	1		5	6	3		2	
2		3		7		6		4
	5			2			7	
9			6		7			8
4	7	8				9	6	5
3			8		5			7
	4			3			8	
1		9		5		4		2
	3		2	8	4		9	

完成时间：______分钟　第 39 题

	8				9	1	3	
6		2			1	4		7
4	1		6		7		2	
8	2	9		4		5		
			9		5			
		5		3		7	4	9
	5		1		4		7	2
2		1	5			3		4
	4	8	2				5	

完成时间：______分钟　第 40 题

初级难度　完成总时间：______分钟

			8	2	6			
6	7	3				4	2	8
		5		7		6		
	2		5		7		6	
8	5						9	3
	1		6		9		8	
		2		9		8		
5	9	8				3	7	2
			2	5	8			

完成时间：______分钟　第 41 题

		6		1	2		7	
				7		4	6	1
7		5			6		8	
			6		8	7		4
6	8						2	5
1		7	9		4			
	6		4			8		7
4	7	8		6				
	3		2	8		1		

完成时间：______分钟　第 42 题

9		5		2	7			
					5	8	9	4
1		8		4		2		
6			4				1	8
	1		9		6		3	
7	8				3			9
		9		6		7		3
8	6	1	7					
			2	9		1		6

完成时间：______分钟　第 43 题

			4	1	2		5	
3	2	4					1	
			7		3		9	
1		9		3		2		6
4			2		7			1
8		2		4		9		5
	4		3		5			8
	1					7	6	
	8		9	6	1			

完成时间：______分钟　第 44 题

初级难度　完成总时间：______分钟

	7	3		2		9		
			8	7	5			2
2		4				1		7
4	5		7		1		2	
							9	6
6	2		3		9		1	
3		2				6		9
			9	1	7			4
	4	7		3		5		

完成时间：______分钟　第 45 题

5		9			6	3		
				1	4		7	
1		3		9		4		6
			4		5		6	9
	6	4				2	5	
7	9		6		2			
4		1		5		6		2
	8		9	4				
		7	2			8		1

完成时间：______分钟　第 46 题

2	1	7			3			9
				5		1		8
	5			7	1			2
3		9	5		7			
	4	5				7	9	
			4		6	5		3
1			7	3			8	
5		2		4				
7			1			2	6	4

完成时间：______分钟　第 47 题

	9	3		6		5	4	
7		5				8		2
			7	9	5			
5			9		3			1
9	2						5	3
3			4		6			8
			1	4	7			
8		4				7		9
	5	7		8		1	3	

完成时间：______分钟　第 48 题

初级难度　完成总时间：______分钟

	7	8		2		1		5
			5		7	6		8
	9	5		6				
			7		2		1	9
5	1						7	2
3	2		9		1			
				8		9	5	
9		2	3		5			
7		4		1		2	8	

完成时间：______分钟　第 49 题

		3		9		4	5	
5		9	1		4			
4		8				6	9	2
	4			1			3	
3			2		6			4
	5			3			2	
1	8	5				9		3
			5		1	2		8
	6	4		8		7		

完成时间：______分钟　第 50 题

		1			5	4	8	
4				7	8			
8		7		3		1		2
1	8		6		3			
	3	4				8	5	
			7		4		3	1
6		9		4		3		8
			8	1				9
	4	8	3			7		

完成时间：______分钟　第 51 题

7	8	6			4			
				9	1	6	3	
3	1				7		2	
2		5		4		7		6
			6		5			
1		7		8		3		5
	7		4				9	3
	3	8	7	1				
			3			8	7	4

完成时间：______分钟　第 52 题

初级难度　完成总时间：______分钟

			9		1			
9			8	5	2			1
2		7				8		9
	9		7	6	5		8	
	7	1				5	9	
	6		1	9	3		4	
5		9				6		8
7			5	2	6			4
			4		9			

完成时间：______分钟　第 53 题

6		4				3		
			5	8	3		2	
5		3		6		7		9
	5		2		6		4	
	9	6				8	1	
	4		8		9		6	
9		8		7		2		5
	3		1	9	2			
		7				1		4

完成时间：______分钟　第 54 题

		6		8	4		2	
2		1		3	5			
		4				8	1	5
6	5			4				
3	2		7		9		5	4
				5			3	7
8	9	3				7		
			3	9		5		1
	6		4	2		9		

完成时间：______分钟　第 55 题

		6	9		3		7	
5		2			1			
		7			5	4	1	6
7	8	4		2				9
			3		7			
3				9		2	6	7
6	9	5	4			7		
			5			6		4
	7		6		2	1		

完成时间：______分钟　第 56 题

初级难度　完成总时间：______分钟

	6		5		4		7	9
5	3	9						8
	4		3		6			
6		8		3		9		2
			1		9			
3		4		5		6		7
			9		5		3	
2						7	9	6
9	7		6		3		8	

完成时间：______分钟　第 57 题

		4		8	3		7	
					4	3	9	2
5		3		2			8	
			7		9		6	8
2		8				7		1
7	1		2		8			
	8			5		4		9
1	5	7	4					
	4		8	3		5		

完成时间：______分钟　第 58 题

7		6				5	9	1
1			5	6	4			
3			7					4
	6			5		2	4	
	3		9		6		5	
	7	1		4			8	
4					2			5
			4	9	1			2
8	2	3				4		9

完成时间：______分钟　第 59 题

2	7	8	3		1			
		5				2	8	1
			8		2		5	3
9	6	4		3				
	8						4	
				9		3	1	8
7	1		4		5			
8	5	2				4		
			2		3	1	7	5

完成时间：______分钟　第 60 题

初级难度　完成总时间：______分钟

	7					1	4	8
1	6		4		8			
			1		5	9		6
	5	3		1		6	8	
			5		4			
	1	4		8		7	9	
4		1	6		9			
9			7		1		6	2
	2	6					1	

完成时间：______分钟　第 61 题

	9	6		3		1	5	
			1	9	5			
8		5				7		3
7	5						4	6
	2		6		1		3	
6	8						1	7
1		2				4		8
			8	2	4			
	7	8		1		5	2	

完成时间：______分钟　第 62 题

	5		1	2		8		
7	1	8						
	3			5		4		9
3			2		1			
4		1				3		2
			9		4			6
8		9		6			7	
						9	3	8
		3		9	8		5	

完成时间：______分钟　第 63 题

4		5		8				
			1		7		3	
6		1		9		7		
	5		4		2		9	
7		9				3		2
	6		8		9		5	
		7		4		2		3
	4		3		6			
				5		9		4

完成时间：______分钟　第 64 题

初级难度　完成总时间：______分钟

8		9			1			4
			4	7			8	
1		7			6			
	5			4		6		9
	9		2		5		7	
2		4		6			5	
			6			8		7
	7			2	8			
9			5			3		2

完成时间：______分钟　第 65 题

5			6	3				
	8		1			4	6	
3	4			8			2	
4		7			9			
				5		6		7
6		3					1	9
	3		8		2			
	6	5				9	7	
			5		6	3		4

完成时间：______分钟　第 66 题

			1		2			
		5	9	3	8	4		
	2						8	
8	9			1			6	7
	5		2		9		3	
2	3			8			4	9
	6						7	
		3	7	2	4	1		
			3		5			

完成时间：______分钟　第 67 题

	3	4		1		9	7	
		2				6		
			6	4	2			
	7		8		4		3	
	2		3		7		5	
	4		9		1		2	
			2	7	6			
		5				2		
	6	7		3		8	9	

完成时间：______分钟　第 68 题

初级难度 完成总时间：______分钟

		1		5	2		9	
				1		8		4
9		8				5	1	
			5		3			8
6	8						3	9
7			6		1			
	6	4				2		5
2		3		7				
	9		1	2		3		

完成时间：______分钟 第 69 题

			4	1	9			
	4		6		7		5	
	1	2				9	7	
4		1		7		5		8
7		9		6		4		3
	7	4				2	3	
	3		9		8		6	
			7	3	2			

完成时间：______分钟 第 70 题

5		7					6	1
6			3		5			
				4	1			9
	8	6		9			3	
		5	2		8	1		
	3			5		4	8	
7			5	1				
			7		3			4
9	1					6		5

完成时间：______分钟 第 71 题

			6	4	9	7		
4		3					6	
2		7				9		
	1		9		2			3
6	8						7	9
5			8		7		2	
		5				1		8
	4					3		7
		8	5	3	4			

完成时间：______分钟 第 72 题

初级难度　完成总时间：______分钟

		6		9			7	
9			1			6	5	8
		3		2				
			3		7		9	6
5		8				3		7
6	3		9		4			
				6		8		9
3	1	2			9			
	6			3		4		

完成时间：______分钟　第 73 题

			5	1	8			
5		9				3		2
		8		2		7		
	4		8		6		2	
6			3		1			9
	9		7		2		1	
		3		8		2		
1		6				9		5
			6	3	5			

完成时间：______分钟　第 74 题

			7		6			
4		8				9		7
	1	3		2		8	6	
2			3		8			6
	7						9	
1			6		7			2
	2	7		6		4	5	
5		9				6		3
			9		5			

完成时间：______分钟　第 75 题

6		9		4				5
			1	6	7			
		8			9	6		7
	9	7					3	
2	6						7	8
	5					4	6	
9		6	7			1		
			6	9	2			
7				5		2		6

完成时间：______分钟　第 76 题

初级难度　完成总时间：＿＿＿分钟

第77题

	8			9	3			6
4		5				2	3	
	3			2			8	
			7		6			5
6		1				4		3
5			9		4			
	4			6			7	
	5	3				9		2
2			3	8			4	

第78题

7	5				3	2		
			7	5		1	6	
1	3						5	
2	6	5						7
			5	7		2	1	
			1	6		3		
	4		9		7			
	8			5	1	2		9	6
					1	4		6

第79题

			3	2	1	5		
2		3		5				
9		1			2	4		
			5		3			7
5	9					8	6	
7			6		9			
	1	5				6		2
				1		8		4
		4	9	8	2			

第80题

3		2	8	6				
7			4		3	1		9
9				1		2	3	
	4		2		6			
8						1	2	7
3				5				9
	6					1	2	
2		7	4	3				
						7	8	4

初级难度　完成总时间：_____分钟

第81题　完成时间：_____分钟

	1	3					6	
5	2			8				
		3		1		2	4	7
	3		8		4			
8		4				6		3
			3		7		1	
4	9	7		8		1		
				9			4	6
		1			5		7	

第82题　完成时间：_____分钟

			1			4	2	
5				8	2			
2		3		9		5		6
					7	9		5
9	8						2	7
		5		3	2			
7		6		4			8	5
			2	5				9
8		5			3			

第83题　完成时间：_____分钟

			9	3	1			8
4	9	3						1
			6			2		9
	1			8			2	
	2	5				7	1	
	6			1			9	
7		9			2			
5						3	4	2
2			3	5	6			

第84题　完成时间：_____分钟

2		9			3			1
	1			2			6	
3			1		8			7
		1	8		9	7		
9							5	
		7	3		1			
7			4		2			9
	4			7			2	
9		2						4

32

初级难度　完成总时间：______分钟

7		4		9		6		
5			7	1	8			
8						5		1
	3			8			4	
				3	4		9	6
4	2	9					5	
	7		1					2
		6	8		9			
			4			8	3	9

完成时间：______分钟　第 85 题

	6			2	5		7	
2		7				1		5
	5			6			4	
1			7		8			
4		5				7		1
			5		2			3
	7			5			2	
5		9				6		8
	4		8	9			1	

完成时间：______分钟　第 86 题

	7	9		6	5			
					9	2		6
	8	1				5		3
5	1		6		4			
9								7
			5		3		4	2
3		8				7	1	
7		6	9					
			8	3		9	6	

完成时间：______分钟　第 87 题

		1	9	6	3			
		7				2	9	4
		8			7		6	
			7	9				5
6	8						2	9
7				2	5			
	2		5			4		
9	7	4				3		
			3	8	4	9		

完成时间：______分钟　第 88 题

初级难度　完成总时间：_____分钟

第 89 题　完成时间：_____分钟

第 90 题　完成时间：_____分钟

第 91 题　完成时间：_____分钟

第 92 题　完成时间：_____分钟

初级难度　完成总时间：______分钟

8			6		5			
		6				3		1
2		9	1					
	2			7	6		5	
6								4
	3		8	5			7	
					3	4		6
7		2				8		
			5		8			2

完成时间：______分钟　第 93 题

			2	5		8		
4			9			6		
7		5				9		
	1		4		3		6	
2								7
	9		5		8		4	
		6				7		1
		3			5			8
		2		1	4			

完成时间：______分钟　第 94 题

			5		7		9	
7		3			8			
		4				8	1	
8	6			2	9			
3								2
			4	5			8	9
	7	1				3		
			8			1		5
	3		6		1			

完成时间：______分钟　第 95 题

	6	5		4				
				8		5	3	
		3		1		2	9	
2			8					
1						3	7	5
3		7			4			
			9			1		3
5								7
	3		7	6	8			

完成时间：______分钟　第 96 题

初级难度 完成总时间：______分钟

	6		7					
		2				8		3
				1		7		6
6	4		5				2	
5			9		4			8
	9				6		4	1
7		3		8				
2		9				1		
					2		3	

完成时间：______分钟 第 97 题

7	2		5		8			
						8		6
	5		1				7	
		4		8				2
5		6				9		8
2				3		6		
	4				6		8	
9		7						
			7		9		6	5

完成时间：______分钟 第 98 题

6			8					
			4			3	6	
8		2	7				9	
9	8			4		5		
3								1
		1		9			7	4
	9				4	7		3
	2	8			1			
					2			9

完成时间：______分钟 第 99 题

7				9		4		6
			7		4			
			2	6				5
	4	7					5	
3		5				2		4
	8					1	9	
4				5	3			
			4		2			
5		1		8				7

完成时间：______分钟 第 100 题

初级难度　完成总时间：______分钟

	6	4			9			
						3		
	8		4		2			
3		7		5		4		
			9		6			
		1		3		8		9
7			2		3		1	
2		9						
			8			5	3	

完成时间：______分钟　第 101 题

			5		2			
		3				4		
	7	2				6	1	
5			1		3			7
	1		4		9		8	
9			7		8			4
	6	9				3	5	
		5				9		
			8		5			

完成时间：______分钟　第 102 题

		6			8			
			1	5			4	
7				9		1		
	9				7			4
	7	1				2	5	
5			6				3	
		8		4				2
	6			7	2			
			8			5		

完成时间：______分钟　第 103 题

7								6
		6		9	7			
		3			2	9	5	
	7	2	8		3			
	3						1	
			9		5	7	2	
	9	7	6			3		
			1	2		4		
8								2

完成时间：______分钟　第 104 题

初级难度 完成总时间：______分钟

			5			3		
			4		9	5		
4		2		3			9	8
		7	1			2		
	1						3	
9				5				1
	4	8		1		9		7
1					7			
7			3		5			

完成时间：______分钟 第 105 题

2		7	9					
3	1				4			
6			1					
		4	5		9	8		
				2				
		2	8		7	9		
					1			5
			3				2	7
	9	3			5	1		8

完成时间：______分钟 第 106 题

9	5			8			4	3
8			6		5			9
			9		3			
6	2						5	4
		4				7		
1	9						3	2
			7		2			
4			5		1			8
2	3			6			1	7

完成时间：______分钟 第 107 题

4			7		1			6
7	2						8	9
		6				5		
	9		1		5		6	
			9	3	8			
	7		6		4		5	
		7				6		
1	3						4	8
6			2		3			5

完成时间：______分钟 第 108 题

初级难度 完成总时间：______分钟

				4				8
		5	1					9
				9	6	5	3	
	5	2	3		8		6	
6			5		4			3
		4		8				
7		8		5				
		3			1		2	7

完成时间：______分钟 第 109 题

				7		4	1	
	2		6	9				
		5			3			7
9	1			2		5	6	
2								1
		8				7		
				6	2		7	
		2	9					4
3	9			1			8	

完成时间：______分钟 第 110 题

	1		7		6			8
	8							
	4			3				2
		4		6	1			7
5			4			3	2	
				8				1
		9	2				7	
	7	6		9			4	

完成时间：______分钟 第 111 题

			4					7
					8	4		
1		6		5			9	
4	3	7				9	5	6
		2					1	
6						2		
		1		7				
9					3	8	7	
	7		2					

完成时间：______分钟 第 112 题

初级难度　完成总时间：______分钟

					1	9		
			5	3	8		1	4
4				7				2
7		5						
	2						3	
		1	8	6				
	4				9			
	9		3			2	7	
		7						1

完成时间：______分钟　第 113 题

	7			3	5			
	1					4		
			9		1	7	5	
		6		7	3	9		
		4	2	1		3		
	3		4	9	6		1	
			7	5			9	
		2					7	
	4	7	1		2			

完成时间：______分钟　第 114 题

4			8				3	
	8				4			
	3	9	5		1			
		7		4		1		
3		4					5	2
	2		7				9	
		2		7				9
					9	6		
				1	5	4	8	

完成时间：______分钟　第 115 题

					9	2	3	
	5	2			6		9	
				4		6		8
3		9		8	2		4	
				9				
					5			
2			9	5			6	
					4		8	
	7							1

完成时间：______分钟　第 116 题

初级难度　完成总时间：_____分钟

		4		5	
5			2		4
9					5
	8			6	
		1	9	6	
	7		8		3	1
7					8
4		9		1		2
		5		6		3

完成时间：_____分钟　第117题

		8				7
7	4		3	2	1	
	5	6			3	
	1		8			
				3		6
			1	4	6		9
		9	1	7	4	3	
	1					2
4					8	1

完成时间：_____分钟　第118题

7	6			5		3	
		5					
			8		5	7	
	8				7		
	3	2		7	1		9
9		7	4	6			5
						2	
	2	6		4			
3					2	9	1

完成时间：_____分钟　第119题

5				2			4	
	2					7		
				8		9		
		7		9			2	6	8
	6		3		2			
7		4						5
	2			5	1	4	7	
	1			9				

完成时间：_____分钟　第120题

初级难度 完成总时间：______分钟

		1					2	3
	7	5						
			9			4	1	
		9		2	3			
2						6		
				4	7			2
							6	4
8	5		1					
	9	2						8

完成时间：______分钟 第 121 题

4				6		9		
		6			9		1	
2			4		8			
						6	3	4
6	5	7			4			
3						1		
					7		4	
	3		2					8
5				8				

完成时间：______分钟 第 122 题

					9		7	
9	6			1		5		
	7	2	5					
4				3			1	
7					2		3	
			6	8	1			
			8			3		1
8				9				
	2				3	9	4	

完成时间：______分钟 第 123 题

							4	6
		8		2				
			9					2
1		6		7				
						5		
		9		1	4		7	8
	9	1			6			
	3				1			
	8		2				9	

完成时间：______分钟 第 124 题

初级难度　完成总时间：______分钟

	4		3	8			6	
6		7	2		1	3		
			9		6			
7		6		2		8	5	9
	5		7	6	9	2	1	3
9		2				6	7	4
	6			9			3	
			5		2			6
		1	6		8	5		

完成时间：______分钟　第 125 题

			3	1		4		8
					5			7
			6				2	1
		6	4		8			5
	3			2				4
		1		9			6	
		4	8					
	6	2			1			
8		3		5	4			

完成时间：______分钟　第 126 题

					7			
				6		5		
1		6	3	5		2	8	
5								4
		8		3		7		
	9		6			1	5	
	2	4			6	3		
8			7			6		
6	1			9				

完成时间：______分钟　第 127 题

	6			5	4			7
9		3		7	6	5		
			9					
	9	1				3	6	
6		7				2		9
	3							1
			4					
	2		7	8	1			3
		4		3	5	1	9	

完成时间：______分钟　第 128 题

初级难度　完成总时间：______分钟

	6							7
		3					1	2
2			7					
							7	
	8		1				2	
1			8	9	4		6	
		6	2				3	4
	9		3	1				
5			9					

完成时间：______分钟　第 129 题

			7				4	3
2			1					
	5		3	8		9		
			8			6		
1			9	5		7		
							1	5
		3			7			
						4		9
6	4				2		3	

完成时间：______分钟　第 130 题

	4							6
1					9		3	
3	2	6		4			7	
	5			9			2	
	1	3	7			4		
		2				7		
8			5					
				3	1		4	8
								2

完成时间：______分钟　第 131 题

	1							
6	9	3		2		5		
5	2			9				7
8	4		9		3	7		
				7		9		
			4	8				
2						3		
	7			1	8	2		6
							5	

完成时间：______分钟　第 132 题

初级难度　完成总时间：______分钟

2				1	7	9		5
		3						
8	9		2	4				
	8					1		
		2					9	
	7		1		9		4	
6			8	9				1
						3		
				5	4		2	6

完成时间：______分钟　第 133 题

	8		7	3		1		
		6						8
		4		8				
		8	5		4			
				1	2		3	
	1					2		
			2				7	
	7		1	5		3		
9							1	

完成时间：______分钟　第 134 题

	6		8		4			
9				6	2			7
	2				7	5		6
2		4					3	
					5			
			4		8		7	
1		6						9
	8			9		2		

完成时间：______分钟　第 135 题

				4	1			
		2		9	7		4	
	4		3			6		
8	6					1		5
		7					3	
9	5					4		2
				1	3			
		6		7	9		8	
	3		4			9		

完成时间：______分钟　第 136 题

初级难度　完成总时间：______分钟

		8			4			1
5								3
	3		5	9			2	
				4	6		1	
		7	1	8				
		9					3	
		1		7	2	4		
8								6
9			8				7	

完成时间：______分钟　第 137 题

9	7			3	4	5		2
2						3		
	8							6
5				1	9	4		
	2		3					
3				7	2	8		
	4							
8								
7	5			6	8	9		4

完成时间：______分钟　第 138 题

			7	5			1	
1					9	3		7
				8				2
		3	1					9
						5		6
	4	8						
	3	4		1			6	
		1			8			
9			6		7			

完成时间：______分钟　第 139 题

9				4			2	
	1		3		7			
		2		9		5		
						2		
		4	2	8			3	
5			1	3				8
	9		7					1
				5	9	3		
4			8				6	

完成时间：______分钟　第 140 题

初级难度　完成总时间：_____分钟

第141题　完成时间：_____分钟

第142题　完成时间：_____分钟

第143题　完成时间：_____分钟

第144题　完成时间：_____分钟

初级难度　完成总时间：______分钟

	3				7			4
6		2		4	1			
	5			3		9	6	7
	4				3			6
	8	7				3	5	
9			7				2	
7	1	8		2			4	
			1	6		8		9
4			5				3	

完成时间：______分钟　第 145 题

5		7		8		6		
	8		6	9			5	
6			3		7		4	2
		1	5		3	4		
3	5						9	
		2	9		8	5		
9			8		6	1		4
	7			4			8	
	4	3				2		

完成时间：______分钟　第 146 题

4					1		3	
		8	5	6		4		7
3	1			2		5		9
1						2	5	
	5		2	4	8		7	
	2	7						4
		2		3			9	5
				5	2	1		
	4		7			3		6

完成时间：______分钟　第 147 题

			1	5	7			
5		1				9		4
3		7		4		1		5
	8		5		6		2	
4	7		8		3		9	6
	1		9		4		3	
7		9		8		6		3
1		8				2		7
			7	3	1			

完成时间：______分钟　第 148 题

初级难度　完成总时间：______分钟

				5				
			6		4			
	9					5	6	
	1	5				8		
6			5					4
7		4	9		6			
9			3				5	1
		2	4					
3					1		8	

完成时间：______分钟　第 149 题

						9		
				2	8			1
4		7	3	5			2	
	6	3				4		
					9		8	5
	1			8				
	2				5		7	6
6	4	1		3				

完成时间：______分钟　第 150 题

			5	6	7			1
1				4		9	8	
						8	4	6
9		2		1				3
8		4		3				
4				8				
			9		6			
	9					1		

完成时间：______分钟　第 151 题

	8	4				3	9	
5		7						
								2
						2		
3			8				6	
9				4			1	8
	7							
		5	1	2			3	9
			3			4	2	

完成时间：______分钟　第 152 题

初级难度　完成总时间：______分钟

						3		5
6				8	1			2
			3		7			
	4			1		5	2	6
		2			4			
			9			1		
					2			3
3			7	5			6	
9						4		

完成时间：______分钟　第 153 题

	9	7	6		1			2
	1							
	8					7		5
			9	5	2			8
			8		6			
	5	9	3					
		4	2			9	3	6
		5				1		

完成时间：______分钟　第 154 题

	1			3				
4			1	8		6		7
3					2	9		
1			9		4	7		
9						8	6	
	6		3			2		8
								1
	5	4					9	

完成时间：______分钟　第 155 题

		7		2				
6					9			
2	1			4	6	7		
	4					2		
5		9				1		
	6						3	9
			2				7	
					1			4
	3		4		5	6		8

完成时间：______分钟　第 156 题

九宫数独练习题

NO: 01
7	1	8	4	9	3	2	6	5
3	2	5	8	7	6	4	9	1
6	4	9	1	5	2	8	7	3
9	8	3	5	6	1	7	4	2
2	5	1	7	4	9	6	8	3
4	7	6	3	2	8	5	1	9
1	6	4	9	3	5	8	2	7
5	9	2	6	8	7	1	3	4
8	3	7	2	1	4	9	5	6

NO: 02
3	7	6	1	5	8	2	4	9
8	4	9	2	6	7	3	5	1
2	1	5	4	9	3	7	8	6
4	2	8	5	7	1	6	9	3
7	6	3	8	2	9	5	1	4
1	9	5	6	4	3	8	2	7
5	2	7	9	1	6	4	3	8
6	3	1	7	8	4	9	5	2
9	8	4	2	3	5	7	6	1

NO: 03
5	8	3	4	1	6	2	7	9
4	6	2	9	7	8	1	5	3
1	9	7	3	5	2	8	4	6
6	5	8	1	2	4	3	9	7
9	1	5	8	7	4	6	2	3
7	2	4	5	3	9	6	5	8
8	4	5	6	9	2	7	3	1
3	7	6	8	4	1	9	2	5
2	1	9	7	5	3	6	8	4

NO: 04
3	8	7	6	9	5	2	4	1
1	2	9	4	7	8	3	6	5
5	4	6	2	1	3	8	7	9
4	7	2	3	8	1	5	9	6
9	5	8	7	6	4	1	2	3
6	1	3	9	5	2	7	8	4
7	3	5	8	4	9	6	1	2
2	6	1	5	3	7	9	5	8
8	9	4	1	2	6	4	3	7

NO: 05
8	4	3	1	9	5	2	7	6
1	5	7	6	2	8	3	4	9
2	6	9	7	4	3	8	5	1
9	7	8	4	6	1	5	2	3
6	1	5	2	8	9	7	3	4
3	2	4	5	1	7	9	8	5
5	8	6	9	7	4	3	2	1
4	3	1	8	5	2	7	6	9
7	2	9	3	6	4	1	5	8

NO: 06
3	9	8	6	4	7	1	5	2
5	6	7	9	1	2	4	7	8
2	1	4	5	8	3	3	9	6
4	5	3	8	9	6	7	2	1
6	8	1	7	3	2	5	4	9
9	7	2	1	5	4	8	6	3
1	4	9	2	7	6	5	3	4
8	3	5	4	2	1	9	7	6
7	6	3	5	8	4	9	2	1

NO: 07
9	5	1	7	6	8	4	3	2
6	4	3	2	9	1	8	7	5
7	8	2	3	5	4	6	1	9
3	1	6	4	5	2	7	8	9
8	9	7	9	1	6	3	7	4
4	2	1	3	7	5	9	5	8
5	6	7	8	3	9	2	4	1
1	3	4	5	2	7	8	9	6
2	9	8	1	4	7	5	6	3

NO: 08
2	7	9	4	5	1	6	8	3
1	5	6	3	8	9	2	4	7
8	3	4	7	6	2	1	9	5
7	4	9	2	3	5	8	6	1
6	9	8	1	4	3	5	7	2
5	1	2	6	7	9	8	4	3
3	8	5	7	2	4	6	5	1
4	2	7	8	1	6	9	3	5
9	6	1	5	3	5	7	2	4

NO: 09
2	3	8	4	9	5	1	6	7
5	7	9	3	6	1	2	8	4
1	4	6	2	7	8	3	9	5
7	9	6	5	3	8	4	1	2
3	8	5	2	1	9	7	4	6
1	6	2	1	4	7	8	5	3
9	5	7	8	2	6	1	3	4
8	1	3	7	5	4	6	2	9
4	6	5	9	8	3	7	2	1

NO: 10
3	9	5	1	8	7	4	2	6
7	2	4	3	6	9	5	1	8
1	8	6	2	4	5	9	3	7
6	5	9	8	1	2	3	7	4
2	4	8	9	7	3	1	5	6
9	7	3	4	5	6	8	2	1
5	6	2	8	9	1	7	4	3
8	3	1	7	2	4	6	9	5
4	6	7	5	3	8	2	1	9

NO: 11
7	4	1	2	5	3	9	6	8
2	3	6	8	4	9	7	5	1
5	9	8	7	6	1	4	2	3
3	1	7	9	8	4	2	8	5
8	5	4	3	1	2	6	7	9
9	6	2	5	7	8	1	3	4
1	7	5	4	3	6	8	9	2
4	8	3	1	9	7	5	2	6
6	2	9	8	2	5	3	1	7

NO: 12
1	9	7	6	5	4	8	3	2
4	6	2	3	7	8	9	5	1
8	3	5	1	2	9	7	6	4
3	4	1	9	6	5	2	8	7
5	2	8	7	4	1	3	9	6
7	8	9	5	8	3	1	2	5
6	1	4	5	3	7	6	9	8
9	5	3	2	8	6	4	7	1
2	8	4	1	9	5	3	7	6

荣恒教育 趣味数独 II

NO: 13

2	4	1	7	6	3	9	8	5
8	5	7	9	4	1	6	2	3
3	6	9	8	5	2	7	1	4
1	7	4	3	8	5	2	9	6
5	2	6	1	7	9	3	4	8
9	3	8	4	2	6	5	7	1
7	1	2	6	3	8	4	5	9
6	9	5	2	1	4	8	3	7
4	8	3	5	9	7	1	6	2

NO: 14

9	3	2	4	7	1	5	8	6
5	8	1	9	6	3	2	7	4
4	7	6	2	5	8	9	3	1
8	4	7	5	1	9	6	2	3
1	5	3	6	2	4	8	9	7
6	2	9	8	3	7	1	4	5
2	1	8	3	4	5	7	6	9
7	9	4	1	8	6	3	5	2
3	6	5	7	9	2	4	1	8

NO: 15

7	4	8	5	3	9	1	6	2
6	9	3	2	4	1	7	5	8
2	5	1	8	6	7	9	4	3
4	6	7	3	9	2	8	1	5
9	8	2	1	7	5	6	3	4
3	1	5	6	8	4	2	7	9
1	2	6	4	5	8	3	9	7
5	3	9	7	2	6	4	8	1
8	7	4	9	1	3	5	2	6

NO: 16

3	5	2	4	8	7	1	6	9
9	7	6	2	1	5	3	4	8
1	4	8	9	3	6	5	7	2
5	6	9	8	7	1	2	3	4
8	1	3	6	2	4	9	5	7
4	2	7	5	9	3	8	1	6
2	3	1	7	4	8	6	9	5
7	9	5	1	6	2	4	8	3
6	8	4	3	5	9	7	2	1

NO: 17

7	5	9	1	2	8	6	3	4
2	8	6	4	9	3	7	1	5
3	4	1	6	7	5	8	9	2
1	7	2	5	4	6	9	8	3
4	6	3	9	8	2	1	5	7
5	9	8	7	3	1	2	4	6
8	1	7	2	5	4	3	6	9
9	3	4	8	6	7	5	2	1
6	2	5	3	1	9	4	7	8

NO: 18

9	7	3	1	2	6	4	5	8
1	2	4	9	5	8	7	3	6
8	6	5	3	4	7	2	9	1
7	5	9	4	3	1	8	6	2
4	1	2	6	8	9	3	7	5
3	8	6	5	7	2	1	4	9
6	9	8	7	1	4	5	2	3
5	4	1	2	9	3	6	8	7
2	3	7	8	6	5	9	1	4

NO: 19

1	4	3	7	2	8	5	9	6
2	7	5	3	6	9	4	8	1
6	9	8	5	1	4	3	2	7
7	8	1	4	3	6	2	5	9
9	5	2	8	7	1	6	4	3
3	6	4	9	5	2	7	1	8
5	1	9	6	4	3	8	7	2
4	2	6	1	8	7	9	3	5
8	3	7	2	9	5	1	6	4

NO: 20

3	7	4	9	2	1	6	8	5
9	5	6	8	3	4	7	2	1
8	2	1	6	7	5	9	3	4
6	8	7	2	1	9	5	4	3
1	9	5	3	4	6	8	7	2
2	4	3	5	8	7	1	9	6
4	6	8	7	5	2	3	1	9
7	1	9	4	6	3	2	5	8
5	3	2	1	9	8	4	6	7

NO: 21

8	6	7	1	2	3	4	5	9
4	1	5	7	9	6	3	8	2
3	2	9	4	5	8	7	6	1
9	4	6	5	7	2	1	3	8
7	8	2	3	1	9	6	4	5
1	5	3	6	8	4	2	9	7
2	7	4	9	6	5	8	1	3
6	9	8	2	3	1	5	7	4
5	3	1	8	4	7	9	2	6

NO: 22

3	2	6	4	5	1	7	8	9
7	8	9	3	2	6	1	5	4
5	4	1	7	8	9	2	3	6
4	1	2	6	3	8	5	9	7
9	5	8	2	7	4	6	1	3
6	7	3	9	1	5	4	2	8
1	6	7	5	9	3	8	4	2
8	9	4	1	6	2	3	7	5
2	3	5	8	4	7	9	6	1

NO: 23

1	7	2	3	5	4	9	8	6
5	3	6	7	9	8	4	1	2
9	4	8	6	2	1	3	7	5
6	5	7	9	8	2	1	3	4
4	2	3	1	7	5	6	9	8
8	9	1	4	6	3	2	5	7
2	1	5	8	3	6	7	4	9
3	8	9	2	4	7	5	6	1
7	6	4	5	1	9	8	2	3

NO: 24

6	2	3	1	5	9	4	8	7
9	5	7	4	2	8	3	1	6
1	8	4	3	6	7	9	5	2
4	1	6	8	9	5	7	2	3
8	7	9	2	3	6	5	4	1
5	3	2	7	1	4	8	6	9
2	4	8	9	7	1	6	3	5
7	6	1	5	4	3	2	9	8
3	9	5	6	8	2	1	7	4

NO: 25

9	8	2	5	3	6	1	4	7
6	3	7	9	1	4	5	8	2
4	5	1	2	8	7	3	6	9
7	1	6	8	9	3	2	5	4
2	9	5	6	4	1	8	7	3
3	4	8	7	5	2	6	9	1
1	6	3	4	7	5	9	2	8
5	7	9	1	2	8	4	3	6
8	2	4	3	6	9	7	1	5

NO: 26

6	3	2	5	7	4	1	9	8
7	9	4	6	8	1	2	3	5
1	8	5	9	3	2	6	7	4
9	2	7	4	5	8	3	6	1
3	6	8	1	2	7	5	4	9
4	5	1	3	6	9	7	8	2
2	4	6	8	1	3	9	5	7
5	1	9	7	4	6	8	2	3
8	7	3	2	9	5	4	1	6

NO: 27

3	5	8	7	1	9	6	2	4
4	7	6	2	8	3	1	9	5
1	9	2	4	5	6	3	8	7
5	6	3	1	9	7	8	4	2
7	1	9	8	4	2	5	3	6
8	2	4	6	3	5	9	7	1
2	8	7	3	6	1	4	5	9
9	3	1	5	2	4	7	6	8
6	4	5	9	7	8	2	1	3

NO: 28

6	9	1	7	5	8	4	3	2
3	2	7	4	9	6	5	8	1
8	5	4	1	2	3	7	9	6
9	3	2	5	6	1	8	4	7
4	6	8	2	7	9	1	5	3
7	1	5	8	3	4	2	6	9
2	7	6	3	8	5	9	1	4
1	8	9	6	4	7	3	2	5
5	4	3	9	1	2	6	7	8

NO: 29
6	4	3	5	9	1	7	2	8
8	1	5	6	7	2	9	3	4
2	9	7	3	8	4	1	5	6
1	5	2	8	3	9	4	6	7
9	7	8	4	6	5	2	1	3
3	6	4	2	1	7	5	8	9
5	2	6	9	4	3	8	7	1
4	8	1	7	2	6	3	9	5
7	3	9	1	5	8	6	4	2

NO: 30
4	2	3	8	7	9	6	5	1
7	5	1	4	2	6	8	9	3
8	6	9	5	3	1	4	7	2
1	8	4	9	6	2	5	3	7
3	9	5	7	4	8	1	2	6
6	7	2	3	1	5	9	4	8
9	1	6	2	5	7	3	8	4
2	3	8	1	9	4	7	6	5
5	4	7	6	8	3	2	1	9

NO: 31
3	1	8	5	2	4	6	9	7
4	9	5	7	6	3	1	8	2
7	2	6	1	8	9	3	4	5
9	5	2	4	7	6	8	3	1
8	7	3	9	1	5	2	6	4
6	3	1	8	5	2	4	7	9
2	8	7	6	4	5	9	1	3
1	6	9	2	3	8	7	5	4
5	4	3	9	1	7	2	6	8

NO: 32
7	6	4	9	1	3	8	5	2
2	1	3	5	7	8	4	6	9
9	8	5	6	2	4	3	7	1
1	9	7	3	5	6	2	8	4
3	4	6	8	2	7	1	9	6
6	5	2	4	8	9	1	5	3
8	2	9	4	6	5	7	1	3
5	7	6	1	3	2	9	4	8
4	3	1	7	8	9	6	2	5

NO: 33
8	5	1	2	3	9	6	7	4
7	3	2	5	6	4	9	1	8
6	4	9	8	1	7	5	2	3
4	9	3	7	5	6	1	8	2
1	2	8	4	3	7	9	5	6
5	8	7	1	9	2	3	4	6
2	1	4	3	7	5	8	6	9
9	7	5	6	4	8	2	3	1
3	6	8	9	2	1	4	5	7

NO: 34
4	3	6	9	7	5	1	2	8
9	1	2	8	4	6	5	7	3
8	7	5	2	3	1	9	6	4
5	4	8	6	1	3	7	9	2
7	2	3	5	8	9	4	1	6
6	9	1	4	2	7	3	8	5
3	8	4	1	9	2	6	5	7
2	5	7	3	6	4	8	3	1
1	6	9	7	3	6	8	4	9

NO: 35
6	2	3	1	8	4	5	7	9
5	8	4	7	9	6	3	2	1
9	1	7	5	2	3	4	8	6
4	6	1	3	5	7	8	9	2
3	5	2	8	1	9	7	6	4
8	7	9	4	6	2	1	3	5
2	3	8	6	4	1	9	5	7
1	9	5	2	7	8	6	4	3
7	4	6	9	3	5	2	1	8

NO: 36
4	6	5	1	9	8	7	2	3
8	1	2	3	6	7	5	4	9
7	9	3	2	5	4	8	1	6
2	3	7	8	4	6	1	9	5
9	5	6	7	3	1	2	8	4
3	8	4	7	9	2	5	3	6
7	9	6	8	2	4	3	1	2
1	4	8	9	2	5	3	6	7
6	2	5	4	5	1	3	9	7

NO: 37
9	5	2	3	4	8	7	1	6
7	3	4	1	6	9	5	8	2
1	6	8	5	7	2	4	3	9
3	4	5	9	7	6	1	8	2
2	1	7	8	3	4	9	6	5
5	9	6	2	1	4	5	3	7
4	8	7	2	5	8	6	4	1
1	7	9	6	2	8	3	5	4
6	2	9	1	8	4	3	7	5

NO: 38
5	1	9	2	4	6	8	3	7
7	4	2	1	3	8	5	6	9
6	8	3	7	9	5	4	2	1
9	3	5	8	7	1	2	4	6
8	6	1	3	5	2	9	7	8
4	2	7	9	6	4	1	5	3
3	9	7	1	5	2	6	8	4
1	5	4	6	8	3	7	9	2
2	6	8	4	3	9	7	1	5

NO: 39
7	1	4	5	6	3	8	2	9
2	9	3	1	7	8	6	5	4
8	5	6	9	2	4	1	7	3
5	7	2	4	3	1	8	8	1
1	6	8	3	5	7	9	4	2
9	3	5	8	1	6	2	4	7
4	2	9	2	3	1	7	6	2
3	8	1	6	9	5	4	2	8
6	3	2	6	7	5	9	1	2

NO: 40
5	8	7	4	2	9	1	3	6
6	9	2	3	5	1	4	8	7
4	1	3	6	8	7	9	2	5
8	2	9	7	4	6	5	1	3
7	3	6	5	1	8	2	4	9
1	6	5	9	7	3	2	4	9
3	5	6	9	4	8	7	2	1
2	7	1	8	3	5	9	2	4
9	4	8	2	7	3	6	5	1

NO: 41
9	4	1	8	2	6	5	3	7
6	7	3	9	1	5	4	2	8
8	2	5	7	3	4	1	6	9
7	3	6	5	8	1	2	9	4
8	5	9	2	7	3	6	1	4
2	1	4	3	6	9	5	8	2
4	6	2	7	9	3	8	5	1
5	9	8	4	6	1	2	9	2
1	3	7	6	5	2	9	4	6

NO: 42
9	4	6	8	1	2	5	7	3
8	2	7	5	3	6	9	4	1
7	1	5	4	9	6	3	8	2
3	9	2	6	5	8	7	1	4
6	1	8	3	4	7	2	5	9
5	7	4	1	2	9	6	3	8
2	6	1	9	4	3	8	5	7
4	8	3	2	7	5	1	9	6
5	3	9	2	8	7	1	4	6

NO: 43
9	4	5	8	2	1	3	6	7
2	7	1	5	6	3	8	9	4
1	3	8	9	4	6	2	7	5
6	9	3	4	7	2	1	5	8
7	1	2	3	8	5	9	4	6
8	5	4	6	1	9	7	2	3
4	2	9	5	6	7	8	3	1
8	6	7	3	9	4	5	1	2
3	5	7	2	9	1	4	6	8

NO: 44
7	9	8	4	1	2	6	5	3
3	2	4	6	9	5	8	1	7
6	5	1	7	8	3	4	9	2
1	7	9	5	3	8	2	6	4
4	6	5	2	9	7	3	8	1
8	3	2	1	4	6	9	7	5
9	4	6	3	7	5	1	2	8
5	1	3	8	2	4	7	6	9
2	8	7	9	6	1	5	3	4

趣味数独 II

NO: 61
5	7	9	2	3	6	1	4	8
1	6	2	4	9	8	3	5	7
3	4	8	1	7	5	9	2	6
2	5	3	9	1	7	6	8	4
8	9	7	5	6	4	2	3	1
6	1	4	3	8	2	7	9	5
4	8	1	6	2	9	5	7	3
9	3	5	7	4	1	8	6	2
7	2	6	8	5	3	4	1	9

NO: 62
2	9	6	7	3	8	1	5	4
3	4	7	1	9	5	6	8	2
8	1	5	4	6	2	7	9	3
7	5	1	2	8	3	9	4	6
9	2	4	6	7	1	8	3	5
6	8	3	5	4	9	2	1	7
1	3	2	9	5	7	4	6	8
5	6	9	8	2	4	3	7	1
4	7	8	3	1	6	5	2	9

NO: 63
9	5	4	1	2	3	8	6	7
7	1	8	6	4	9	5	2	3
6	3	2	5	7	8	4	1	9
3	9	6	2	8	1	7	4	5
4	8	1	5	7	6	3	9	2
2	7	5	9	3	4	1	8	6
8	4	9	3	6	5	2	7	1
5	6	7	4	1	2	9	3	8
1	2	3	7	9	8	6	5	4

NO: 64
4	7	5	2	8	3	6	1	9
8	9	2	1	6	7	4	3	5
6	3	1	5	9	4	7	2	8
1	5	3	4	7	2	8	9	6
7	8	9	6	1	5	3	4	2
2	6	4	9	3	8	1	5	7
5	1	7	9	4	8	2	6	3
9	4	8	3	2	6	5	7	1
3	2	6	7	5	1	9	8	4

NO: 65
8	2	9	3	5	1	7	6	4
3	6	5	4	7	2	9	8	1
1	4	7	8	9	6	2	3	5
7	5	8	1	4	3	6	2	9
6	9	1	2	8	5	4	7	3
2	3	4	9	6	7	1	5	8
5	1	2	6	3	4	8	9	7
4	7	3	5	1	9	2	8	6
9	8	6	7	2	8	3	4	2

NO: 66
5	2	1	6	3	4	7	9	8
7	8	9	1	2	5	4	6	3
3	4	6	9	7	8	5	2	1
4	1	7	2	6	9	8	3	5
2	6	5	3	1	6	2	7	4
6	9	3	7	8	1	2	5	4
9	3	4	8	7	2	5	4	6
8	6	5	4	1	3	9	7	2
1	7	2	5	9	6	3	8	4

NO: 67
3	4	8	1	7	2	6	9	5
6	7	5	9	3	8	4	1	2
1	2	9	4	5	6	7	8	3
8	9	4	5	1	3	2	6	7
7	5	6	2	4	9	3	8	1
2	1	6	8	7	5	4	9	3
5	6	2	8	9	1	3	7	4
9	8	3	7	2	4	1	5	6
4	1	7	3	6	5	9	2	8

NO: 68
6	3	4	5	1	8	9	7	2
1	8	2	7	9	3	6	4	5
7	5	9	6	4	2	3	8	1
5	7	6	8	2	4	1	3	9
9	2	1	3	6	7	4	5	8
8	4	3	9	5	1	7	2	6
4	9	8	2	7	6	5	1	3
3	1	5	4	8	9	2	6	7
2	6	7	1	3	5	8	9	4

NO: 69
3	4	1	8	5	2	6	9	7
5	7	6	3	1	9	8	2	4
9	2	8	7	6	4	5	1	3
4	1	2	5	9	3	7	6	8
6	8	5	2	4	7	9	3	1
7	3	9	6	8	1	4	2	3
1	6	4	9	3	8	2	7	5
2	5	3	4	7	6	9	8	1
8	9	7	1	2	5	3	4	6

NO: 70
3	5	7	4	1	9	6	8	2
8	9	1	6	2	7	3	5	4
6	1	2	3	8	5	9	7	4
4	6	1	2	7	3	5	9	8
5	2	3	8	9	4	7	1	6
9	8	7	5	6	1	4	2	3
8	7	4	1	5	6	2	3	9
2	3	5	9	4	8	1	6	7
1	9	6	7	3	2	8	4	5

NO: 71
5	4	7	9	8	2	6	3	1
6	9	1	3	7	5	2	4	8
3	2	8	6	4	1	7	5	9
1	8	6	4	9	7	5	3	2
4	7	5	2	3	8	1	9	6
2	3	9	1	5	6	4	8	7
7	6	4	5	1	9	8	2	3
8	5	2	7	6	3	9	1	4
9	1	3	8	2	4	6	7	5

NO: 72
8	5	1	6	4	9	7	3	2
4	9	3	2	7	1	8	6	5
2	6	7	3	8	5	9	1	4
7	1	4	9	5	2	6	8	3
6	8	2	4	1	3	5	7	9
5	3	9	8	6	7	4	2	1
3	2	5	7	9	6	1	4	8
9	4	6	1	2	8	3	5	7
1	7	8	5	3	4	2	9	6

NO: 73
1	5	6	4	9	8	2	7	3
9	2	4	1	7	3	6	5	8
7	8	3	5	2	6	9	1	4
2	4	1	3	8	7	5	9	6
5	9	8	6	1	2	3	4	7
6	3	7	9	5	4	1	8	2
4	7	5	2	6	1	8	3	9
3	1	2	8	4	9	7	6	5
8	6	9	7	3	5	4	2	1

NO: 74
2	3	7	5	1	8	4	9	6
5	1	9	4	6	7	3	8	2
4	6	8	9	2	3	7	5	1
3	4	1	8	9	6	5	2	7
6	2	5	1	3	4	8	4	9
8	9	7	2	4	2	6	1	3
7	5	3	1	8	9	2	6	4
1	8	6	7	5	2	9	3	5
9	2	4	6	3	5	1	7	8

NO: 75
9	5	2	7	8	6	1	3	4
4	6	8	1	5	3	9	2	7
7	1	3	4	2	9	8	6	5
2	9	5	3	1	8	7	4	6
8	7	6	5	9	4	2	3	1
1	4	6	9	7	5	8	2	9
3	2	7	8	6	1	4	5	9
5	8	9	2	7	4	6	1	3
6	4	1	9	3	5	2	7	8

NO: 76
6	7	9	2	4	8	3	1	5
5	3	2	1	6	7	8	4	9
1	4	8	5	3	9	6	2	7
4	9	7	8	2	6	5	3	1
2	6	3	4	1	5	9	7	8
8	5	1	7	9	3	4	6	2
9	2	6	7	8	4	1	5	3
3	1	5	6	2	7	8	4	6
7	8	4	3	5	1	2	9	6

NO: 77

7	8	2	4	9	3	1	5	6
4	1	5	6	7	8	2	3	9
9	3	6	5	2	1	7	8	4
3	9	4	7	1	6	8	2	5
6	7	1	8	5	2	4	9	3
5	2	8	9	3	4	6	1	7
1	4	9	2	6	5	3	7	8
8	5	3	1	4	7	9	6	2
2	6	7	3	8	9	5	4	1

NO: 78

7	5	6	1	3	2	9	4	8
8	2	9	7	5	4	1	6	3
1	3	4	8	9	6	7	5	2
2	6	5	4	1	3	8	9	7
4	8	3	5	7	9	6	2	1
9	7	1	2	6	8	5	3	4
6	4	2	9	8	7	3	1	5
3	1	8	6	4	5	2	7	9
5	9	7	3	2	1	4	8	6

NO: 79

4	7	6	9	3	2	1	5	8
2	8	3	4	1	5	7	6	9
9	5	1	7	6	8	2	4	3
1	6	8	5	4	3	9	2	7
5	9	4	2	7	1	3	8	6
7	3	2	6	8	9	4	1	5
8	1	5	3	9	4	6	7	2
3	2	7	1	5	6	8	9	4
6	4	9	8	2	7	5	3	1

NO: 80

3	5	2	8	6	9	4	7	1
7	1	4	5	3	2	9	6	8
9	6	8	4	1	7	2	3	5
1	4	9	2	7	6	8	5	3
6	8	5	3	9	4	1	2	7
2	3	7	1	8	5	6	4	9
4	7	6	9	5	8	3	1	2
8	2	1	7	4	3	5	9	6
5	9	3	6	2	1	7	8	4

NO: 81

7	4	1	2	3	9	5	6	8
5	6	2	7	4	8	3	9	1
9	8	3	5	1	6	2	4	7
1	3	6	8	2	4	9	7	5
8	7	4	1	9	5	6	2	3
2	5	9	3	6	7	8	1	4
4	9	7	6	8	3	1	5	2
3	2	5	9	7	1	4	8	6
6	1	8	4	5	2	7	3	9

NO: 82

6	7	8	1	3	5	4	9	2
5	4	9	6	8	2	7	1	3
2	1	3	4	9	7	5	8	6
3	6	2	8	7	9	1	5	4
9	8	4	5	1	6	3	2	7
1	5	7	3	2	4	9	6	8
7	2	6	9	4	1	8	3	5
4	3	1	2	5	8	6	7	9
8	9	5	7	6	3	2	4	1

NO: 83

6	7	2	9	3	1	4	5	8
4	9	3	5	2	8	6	7	1
1	5	8	6	7	4	2	3	9
9	1	4	7	8	3	5	2	6
8	2	5	4	6	9	7	1	3
3	6	7	2	1	5	8	9	4
7	3	9	8	4	2	1	6	5
5	8	6	1	9	7	3	4	2
2	4	1	3	5	6	9	8	7

NO: 84

2	7	9	6	5	4	3	8	1
8	1	4	7	2	3	9	6	5
3	5	6	1	9	8	2	4	7
5	2	1	8	4	9	7	3	6
6	9	3	2	1	7	4	5	8
4	8	7	3	6	5	1	9	2
7	3	5	4	8	2	6	1	9
1	4	8	9	7	6	5	2	3
9	6	2	5	3	1	8	7	4

NO: 85

7	1	4	2	9	5	6	8	3
5	6	3	7	1	8	9	2	4
8	9	2	3	4	6	5	7	1
6	3	5	9	8	2	1	4	7
1	8	7	5	3	4	2	9	6
4	2	9	6	7	1	3	5	8
9	7	8	1	5	3	4	6	2
3	4	6	8	2	9	7	1	5
2	5	1	4	6	7	8	3	9

NO: 86

8	6	4	1	2	5	3	7	9
2	3	7	4	8	9	1	6	5
9	5	1	3	6	7	8	4	2
1	9	3	7	4	8	2	5	6
4	2	5	9	3	6	7	8	1
7	8	6	5	1	2	4	9	3
3	7	8	6	5	1	9	2	4
5	1	9	2	7	4	6	3	8
6	4	2	8	9	3	5	1	7

NO: 87

2	7	9	3	6	5	4	8	1
4	5	3	1	8	9	2	7	6
6	8	1	7	4	2	5	9	3
5	1	2	6	7	4	8	3	9
9	3	4	2	1	8	6	5	7
8	6	7	5	9	3	1	4	2
3	9	8	4	2	6	7	1	5
7	4	6	9	5	1	3	2	8
1	2	5	8	3	7	9	6	4

NO: 88

2	4	1	9	6	3	5	8	7
3	6	7	1	5	8	2	9	4
5	9	8	2	4	7	1	6	3
4	1	2	7	9	6	8	3	5
6	8	5	4	3	1	7	2	9
7	3	9	8	2	5	6	4	1
8	2	3	5	7	9	4	1	6
9	7	4	6	1	2	3	5	8
1	5	6	3	8	4	9	7	2

NO: 89

3	6	4	9	8	7	1	5	2
5	7	1	2	6	3	9	4	8
8	9	2	4	1	5	3	6	7
7	3	9	1	2	4	5	8	6
4	2	6	8	5	9	7	3	1
1	5	8	7	3	6	4	2	9
9	8	3	6	4	1	2	7	5
2	4	7	5	9	8	6	1	3
6	1	5	3	7	2	8	9	4

NO: 90

4	3	2	7	5	6	1	9	8
6	1	7	8	9	2	3	4	5
9	8	5	4	3	1	6	2	7
8	2	3	6	7	4	9	5	1
7	6	9	2	1	5	4	8	3
5	4	1	3	8	9	2	7	6
1	9	6	5	4	7	8	3	2
2	7	8	9	6	3	5	1	4
3	5	4	1	2	8	7	6	9

NO: 91

7	3	2	6	9	1	5	4	8
5	9	6	2	4	8	1	3	7
8	1	4	3	5	7	9	6	2
2	7	8	4	6	5	3	9	1
3	4	9	1	8	2	6	7	5
6	5	1	9	7	3	8	2	4
9	8	3	7	1	4	2	5	6
1	6	7	5	2	9	4	8	3
4	2	5	8	3	6	7	1	9

NO: 92

9	5	3	2	1	4	8	7	6
4	1	8	5	6	7	9	3	2
2	6	7	3	9	8	1	4	5
6	2	1	8	4	9	7	5	3
3	8	4	1	7	5	2	6	9
5	7	9	6	3	2	4	8	1
1	9	6	7	8	3	5	2	4
7	3	2	4	5	1	6	9	8
8	4	5	9	2	6	3	1	7

NO: 93

8	1	3	6	4	5	9	2	7
5	7	6	2	8	9	3	4	1
2	4	9	1	3	7	5	6	8
9	2	8	4	7	6	1	5	3
6	5	7	3	9	1	2	8	4
4	3	1	8	5	2	6	7	9
1	8	5	7	2	3	4	9	6
7	6	2	9	1	4	8	3	5
3	9	4	5	6	8	7	1	2

NO: 94

3	6	9	2	5	1	8	7	4
4	2	1	9	8	7	6	3	5
7	8	5	3	4	6	9	1	2
5	1	8	4	7	3	2	6	9
2	3	4	1	6	9	5	8	7
6	9	7	5	2	8	1	4	3
9	4	6	8	3	2	7	5	1
1	7	3	6	9	5	4	2	8
8	5	2	7	1	4	3	9	6

NO: 95

1	8	6	5	4	7	2	9	3
7	2	3	9	1	8	5	4	6
9	5	4	3	6	2	8	1	7
8	6	5	7	2	9	4	3	1
3	4	9	1	8	6	7	5	2
2	1	7	4	5	3	6	8	9
4	7	1	2	9	5	3	6	8
6	9	2	8	3	4	1	7	5
5	3	8	6	7	1	9	2	4

NO: 96

9	6	5	3	4	2	7	8	1
7	1	2	6	8	9	5	3	4
8	4	3	5	1	7	2	9	6
2	5	6	8	7	3	4	1	9
1	8	4	2	9	6	3	7	5
3	9	7	1	5	4	6	2	8
6	7	8	9	2	5	1	4	3
5	2	9	4	3	1	8	6	7
4	3	1	7	6	8	9	5	2

NO: 97

8	6	5	7	9	3	4	1	2
1	7	2	6	4	5	8	9	3
9	3	4	2	1	8	7	5	6
6	4	8	5	7	1	3	2	9
5	2	1	9	3	4	6	7	8
3	9	7	8	2	6	5	4	1
7	1	3	4	8	9	2	6	5
2	5	9	3	6	7	1	8	4
4	8	6	1	5	2	9	3	7

NO: 98

7	2	3	5	6	8	4	9	1
4	1	9	2	7	3	8	5	6
6	5	8	1	9	4	2	7	3
3	9	4	6	8	7	5	1	2
5	7	6	4	1	2	9	3	8
2	8	1	9	3	5	6	4	7
1	4	5	3	2	6	7	8	9
9	6	7	8	5	1	3	2	4
8	3	2	7	4	9	1	6	5

NO: 99

6	3	9	8	1	5	2	4	7
5	1	7	4	2	9	3	6	8
8	4	2	7	6	3	1	9	5
9	8	6	1	4	7	5	3	2
3	7	4	2	5	6	9	8	1
2	5	1	3	9	8	6	7	4
1	9	5	6	8	4	7	2	3
7	2	8	9	3	1	4	5	6
4	6	3	5	7	2	8	1	9

NO: 100

7	1	2	8	9	5	4	3	6
6	5	8	7	3	4	9	2	1
9	3	4	2	6	1	7	8	5
1	4	7	3	2	9	6	5	8
3	9	5	6	1	8	2	7	4
2	8	6	5	4	7	1	9	3
4	7	9	1	5	3	8	6	2
8	6	3	4	7	2	5	1	9
5	2	1	9	8	6	3	4	7

NO: 101

1	6	4	3	7	9	2	8	5
9	7	2	6	8	5	3	4	1
5	8	3	4	1	2	6	9	7
3	9	7	1	5	8	4	2	6
8	4	5	9	2	6	1	7	3
6	2	1	7	3	4	8	5	9
7	5	8	2	6	3	9	1	4
2	3	9	5	4	1	7	6	8
4	1	6	8	9	7	5	3	2

NO: 102

6	9	4	5	1	2	8	7	3
1	5	3	6	8	7	4	2	9
8	7	2	9	3	4	6	1	5
5	4	8	1	6	3	2	9	7
3	1	7	4	2	9	5	8	6
9	2	6	7	5	8	1	3	4
7	6	9	2	4	1	3	5	8
2	8	5	3	7	6	9	4	1
4	3	1	8	9	5	7	6	2

NO: 103

4	1	6	7	3	8	9	2	5
8	2	9	1	5	6	3	4	7
7	5	3	2	9	4	1	8	6
3	9	2	5	1	7	8	6	4
6	7	1	4	8	3	2	5	9
5	8	4	6	2	9	7	3	1
1	3	8	9	4	5	6	7	2
9	6	5	3	7	2	4	1	8
2	4	7	8	6	1	5	9	3

NO: 104

7	5	9	3	8	1	2	4	6
4	2	6	5	9	7	1	3	8
1	8	3	4	6	2	9	5	7
5	7	2	8	1	3	6	9	4
9	3	4	2	7	6	8	1	5
6	1	8	9	4	5	7	2	3
2	9	7	6	5	4	3	8	1
3	6	5	1	2	8	4	7	9
8	4	1	7	3	9	5	6	2

NO: 105

6	7	9	5	8	1	3	2	4
8	3	1	4	2	9	5	7	6
4	5	2	7	3	6	1	9	8
5	8	7	1	6	3	2	4	9
2	1	4	9	7	8	6	3	5
9	6	3	2	5	4	7	8	1
3	4	8	6	1	2	9	5	7
1	2	5	8	9	7	4	6	3
7	9	6	3	4	5	8	1	2

NO: 106

2	4	7	9	5	8	6	3	1
3	1	5	6	7	4	2	8	9
6	8	9	1	3	2	7	5	4
1	3	4	5	6	9	8	7	2
9	7	8	4	2	3	5	1	6
5	6	2	8	1	7	9	4	3
4	2	6	7	8	1	3	9	5
8	5	1	3	9	6	4	2	7
7	9	3	2	4	5	1	6	8

NO: 107

9	5	2	1	8	7	6	4	3
8	4	3	6	2	5	1	7	9
7	6	1	9	4	3	2	8	5
6	2	7	3	1	8	9	5	4
3	8	4	2	5	9	7	6	1
1	9	5	4	7	6	8	3	2
5	1	8	7	3	2	4	9	6
4	7	6	5	9	1	3	2	8
2	3	9	8	6	4	5	1	7

NO: 108

4	8	5	7	9	1	3	2	6
7	2	3	4	5	6	1	8	9
9	1	6	3	8	2	5	7	4
3	9	4	1	7	5	8	6	2
5	6	2	9	3	8	4	1	7
8	7	1	6	2	4	9	5	3
2	5	7	8	4	9	6	3	1
1	3	9	5	6	7	2	4	8
6	4	8	2	1	3	7	9	5

趣味数独 II

NO: 109

9	3	6	7	4	5	2	1	8
8	4	5	1	3	2	6	7	9
2	7	1	8	9	6	5	3	4
3	8	7	6	1	9	4	5	2
4	5	2	3	7	8	9	6	1
6	1	9	5	2	4	7	8	3
1	6	4	2	8	7	3	9	5
7	2	8	9	5	3	1	4	6
5	9	3	4	6	1	8	2	7

NO: 110

6	3	9	5	7	8	4	1	2
7	2	4	6	9	1	8	3	5
1	8	5	2	4	3	6	9	7
9	1	3	7	2	4	5	6	8
2	7	6	8	5	9	3	4	1
4	5	8	1	3	6	7	2	9
8	4	1	3	6	2	9	7	5
5	6	2	9	8	7	1	3	4
3	9	7	4	1	5	2	8	6

NO: 111

9	1	3	2	7	6	4	5	8
2	8	7	5	1	4	3	6	9
6	4	5	8	3	9	7	1	2
7	9	8	3	2	1	6	4	5
3	6	2	9	4	5	1	8	7
5	1	4	6	8	7	3	2	9
4	5	2	6	8	7	9	3	1
1	3	9	7	2	4	5	8	6
8	7	6	1	9	3	2	4	5

NO: 112

3	5	8	4	9	6	1	2	7
7	9	2	1	3	8	4	6	5
1	4	6	7	5	2	3	9	8
4	3	7	8	2	1	9	5	6
8	9	5	6	4	3	7	1	4
6	1	5	9	4	7	2	8	3
2	8	1	6	7	4	5	3	9
9	6	4	5	1	3	8	7	2
5	7	3	2	8	9	6	4	1

NO: 113

5	6	3	4	2	1	9	8	7
2	7	9	5	3	8	6	1	4
4	1	8	9	7	6	3	5	2
7	8	5	2	9	3	1	4	6
6	2	4	1	5	7	8	3	9
9	3	1	8	6	4	7	2	5
8	4	2	7	1	9	5	6	3
1	9	6	3	4	5	2	7	8
3	5	7	6	8	2	4	9	1

NO: 114

4	7	9	8	3	5	6	2	1
5	1	3	6	2	7	4	8	9
6	2	8	9	4	1	7	5	3
1	8	6	5	7	3	9	4	2
7	9	4	2	1	8	3	6	5
2	3	5	4	9	6	8	1	7
3	6	1	7	5	4	2	9	8
8	5	2	3	6	9	1	7	4
9	4	7	1	8	2	5	3	6

NO: 115

4	1	5	8	2	7	9	3	6
2	3	9	6	1	4	5	7	8
7	8	6	3	9	5	1	2	4
8	5	7	9	4	2	1	6	3
3	9	4	1	8	6	7	5	2
6	2	1	7	5	3	8	9	4
5	4	2	6	7	8	3	1	9
1	7	8	5	3	9	2	4	6
9	6	3	2	1	5	4	8	7

NO: 116

1	6	8	5	7	9	2	3	4
4	5	2	8	3	6	1	9	7
9	3	7	2	4	1	6	5	8
3	1	9	7	8	2	5	4	6
7	4	5	6	9	3	8	1	2
8	2	6	4	1	5	3	7	9
2	8	1	9	5	7	4	6	3
6	9	3	1	2	4	7	8	5
5	7	4	3	6	8	9	2	1

NO: 117

3	6	7	4	8	5	2	1	9
8	5	1	3	2	9	4	6	7
9	2	4	6	1	7	3	5	8
1	8	9	5	7	2	6	3	4
5	4	3	1	9	6	8	7	2
6	7	2	8	4	3	1	9	5
7	9	6	2	3	4	5	8	1
4	3	8	9	5	1	7	2	6
2	1	5	7	6	8	9	4	3

NO: 118

3	2	8	4	6	5	9	1	7
7	4	9	2	3	1	8	5	6
1	5	6	7	9	8	3	2	4
6	1	5	8	7	9	2	4	3
9	7	4	5	2	1	6	8	3
2	8	3	1	4	6	5	7	9
8	6	2	9	1	7	4	3	5
5	3	1	6	8	4	7	9	2
4	9	7	3	5	2	1	6	8

NO: 119

7	6	8	9	5	4	3	2	1
2	3	5	7	1	6	8	9	4
4	9	1	3	2	8	6	5	7
6	8	2	1	9	5	4	7	3
3	5	4	2	8	7	1	6	9
9	1	7	4	6	3	2	8	5
8	7	9	6	3	1	5	4	2
5	4	6	8	7	2	9	3	8
1	2	3	5	4	8	7	2	6

NO: 120

5	9	3	7	2	6	8	4	1
1	2	8	5	3	4	7	9	6
7	6	4	8	1	9	3	5	2
3	1	7	9	4	5	2	6	8
9	8	6	3	7	2	5	1	4
2	4	5	1	6	8	9	3	7
6	7	9	4	8	3	1	2	5
8	3	2	6	5	1	4	7	9
4	5	1	2	9	7	6	8	3

NO: 121

9	8	1	4	6	5	7	2	3
4	7	5	3	1	2	9	8	6
3	2	6	9	7	8	4	1	5
7	6	9	5	2	3	8	4	1
2	4	3	1	8	6	5	9	7
5	1	8	6	4	7	3	9	2
1	3	7	2	8	9	6	5	4
8	5	4	3	1	6	2	7	9
6	9	2	7	5	4	1	3	8

NO: 122

4	1	3	7	6	2	9	8	5
8	7	6	3	5	9	4	1	2
2	9	5	4	1	8	3	7	6
9	2	1	8	7	5	6	3	4
3	5	4	6	9	1	8	2	7
7	6	8	2	4	3	1	5	9
1	6	8	5	9	7	2	4	3
5	3	7	9	2	4	1	6	8
5	4	2	6	8	3	7	9	1

NO: 123

1	5	8	4	2	9	6	7	3
9	6	4	7	3	1	5	8	2
3	7	2	5	6	8	1	9	4
4	8	6	1	9	5	2	3	7
7	2	1	3	4	6	8	5	9
5	9	3	8	7	2	4	6	1
8	4	7	6	5	3	9	2	6
2	1	9	2	8	7	3	4	5
6	2	7	5	1	4	9	3	8

NO: 124

9	7	2	1	5	8	3	4	6
4	1	8	2	6	3	9	5	7
5	6	3	9	4	7	1	8	2
1	5	6	7	8	9	4	2	3
2	8	4	6	3	5	1	9	7
3	2	9	5	1	4	6	7	8
7	9	1	8	9	6	2	3	5
6	3	5	7	9	1	8	6	4
8	4	2	3	5	7	9	1	1

NO: 125

1	4	9	3	8	5	7	6	2
6	8	7	2	4	1	3	9	5
5	2	3	9	7	6	4	8	1
7	3	6	1	2	4	8	5	9
8	5	4	7	6	9	2	1	3
9	1	2	8	5	3	6	7	4
2	6	5	4	9	7	1	3	8
3	7	8	5	1	2	9	4	6
4	9	1	6	3	8	5	2	7

NO: 126

6	5	7	3	1	2	4	9	8
2	1	8	9	4	5	6	3	7
3	4	9	6	8	7	5	2	1
9	2	6	4	7	8	3	1	5
7	3	5	1	2	6	9	8	4
4	8	1	5	9	3	7	6	2
1	7	4	8	6	9	2	5	3
5	6	2	7	3	1	8	4	9
8	9	3	2	5	4	1	7	6

NO: 127

3	8	5	1	2	7	9	4	6
9	7	2	4	6	8	5	3	1
1	4	6	3	5	9	2	8	7
5	3	1	9	7	2	8	6	4
4	6	8	5	3	1	7	2	9
2	9	7	6	8	4	1	5	3
7	2	4	8	1	6	3	9	5
8	5	9	7	4	3	6	1	2
6	1	3	2	9	5	4	7	8

NO: 128

1	6	8	3	5	4	9	2	7
9	4	3	2	7	6	5	1	8
2	7	5	9	1	8	4	3	6
8	9	1	5	2	7	3	6	4
6	5	7	1	4	3	2	8	9
4	3	2	8	6	9	7	5	1
3	1	6	4	9	2	8	7	5
5	2	9	7	8	1	6	4	3
7	8	4	6	3	5	1	9	2

NO: 129

9	6	1	5	3	2	8	4	7
8	7	3	4	6	9	5	1	2
2	5	4	7	8	1	6	9	3
3	4	9	6	2	5	1	7	8
6	8	5	1	7	3	4	2	9
1	2	7	8	9	4	3	6	5
7	1	6	2	5	8	9	3	4
4	9	8	3	1	7	2	5	6
5	3	2	9	4	6	7	8	1

NO: 130

8	9	6	7	2	5	1	4	3
2	3	7	1	4	9	5	8	6
4	5	1	3	8	6	9	7	2
3	2	5	8	7	1	6	9	4
1	6	4	9	5	3	7	2	8
9	7	8	2	6	4	3	1	5
5	8	3	4	9	7	2	6	1
7	1	2	6	3	8	4	5	9
6	4	9	5	1	2	8	3	7

NO: 131

5	4	9	2	7	3	1	8	6
1	7	8	6	5	9	2	3	4
3	2	6	1	4	8	9	7	5
7	5	4	3	9	6	8	2	1
6	1	3	7	8	2	4	5	9
9	8	2	4	1	5	7	6	3
8	3	1	5	2	4	6	9	7
2	6	7	9	3	1	5	4	8
4	9	5	8	6	7	3	1	2

NO: 132

4	1	7	8	3	5	6	9	2
6	9	3	7	2	4	5	1	8
5	2	8	1	9	6	4	3	7
8	4	1	9	6	3	7	2	5
3	6	2	5	7	1	9	8	4
7	5	9	4	8	2	1	6	3
2	8	4	6	5	9	3	7	1
9	7	5	3	1	8	2	4	6
1	3	6	2	4	7	8	5	9

NO: 133

2	6	4	3	1	7	9	8	5
7	5	3	9	6	8	2	1	4
8	9	1	2	4	5	6	3	7
9	8	5	4	7	2	1	6	3
4	1	2	5	3	6	7	9	8
3	7	6	1	8	9	5	4	2
6	2	7	8	9	3	4	5	1
5	4	8	6	2	1	3	7	9
1	3	9	7	5	4	8	2	6

NO: 134

2	8	5	7	3	9	1	6	4
7	3	6	4	2	1	9	5	8
1	9	4	6	8	5	7	2	3
3	2	8	5	7	4	6	9	1
6	4	7	9	1	2	8	3	5
5	1	9	3	6	8	2	4	7
8	5	1	2	9	3	4	7	6
4	7	2	1	5	6	3	8	9
9	6	3	8	4	7	5	1	2

NO: 135

7	6	1	8	5	4	3	9	2
9	3	5	1	6	2	4	8	7
4	2	8	9	3	7	5	1	6
2	5	4	6	7	9	1	3	8
8	7	9	3	1	5	6	2	4
6	1	3	4	2	8	9	7	5
1	4	6	2	8	3	7	5	9
3	8	7	5	9	6	2	4	1
5	9	2	7	4	1	8	6	3

NO: 136

3	9	5	6	4	1	7	2	8
6	8	2	5	9	7	3	4	1
7	4	1	3	2	8	6	5	9
8	6	4	7	3	2	1	9	5
1	2	7	9	5	4	8	3	6
9	5	3	1	8	6	4	7	2
5	7	9	8	1	3	2	6	4
4	1	6	2	7	9	5	8	3
2	3	8	4	6	5	9	1	7

NO: 137

7	2	8	6	3	4	5	9	1
5	9	4	7	2	1	8	6	3
1	3	6	5	9	8	7	2	4
3	8	5	9	4	6	2	1	7
2	6	7	1	8	3	9	4	5
4	1	9	2	5	7	6	3	8
6	5	1	3	7	2	4	8	9
8	7	2	4	1	9	3	5	6
9	4	3	8	6	5	1	7	2

NO: 138

9	7	6	1	3	4	5	8	2
2	1	5	9	8	6	3	4	7
4	8	3	5	2	7	1	9	6
5	6	7	8	1	9	4	2	3
1	2	8	3	4	5	6	7	9
3	9	4	6	7	2	8	5	1
6	4	9	7	5	3	2	1	8
8	3	2	4	9	1	7	6	5
7	5	1	2	6	8	9	3	4

NO: 139

3	9	2	7	5	6	4	1	8
1	8	6	4	2	9	3	5	7
4	5	7	3	8	1	6	9	2
5	7	3	1	6	4	2	8	9
2	1	9	8	7	3	5	4	6
6	4	8	2	9	5	1	7	3
8	3	4	9	1	2	7	6	5
7	6	1	5	3	8	9	2	4
9	2	5	6	4	7	8	3	1

NO: 140

9	3	7	5	4	8	1	2	6
6	1	5	3	2	7	8	9	4
8	4	2	6	9	1	5	7	3
3	8	6	9	7	4	2	1	5
1	7	4	2	8	5	6	3	9
5	2	9	1	3	6	7	4	8
2	9	8	7	6	3	4	5	1
7	6	1	4	5	9	3	8	2
4	5	3	8	1	2	9	6	7

NO: 141

7	2	8	1	6	5	4	9	3
9	5	3	2	4	7	6	8	1
6	1	4	8	9	3	7	5	2
4	8	7	6	5	1	2	3	9
1	6	5	9	3	2	8	7	4
2	3	9	7	8	4	5	1	6
5	7	6	4	1	9	3	2	8
3	4	1	5	2	8	9	6	7
8	9	2	3	7	6	1	4	5

NO: 142

8	7	9	4	6	3	1	2	5
3	1	4	2	9	5	6	7	8
2	5	6	8	7	1	3	9	4
1	6	2	3	8	9	4	5	7
9	3	7	5	4	6	8	1	2
4	8	5	7	1	2	9	3	6
7	2	8	9	3	4	5	6	1
6	4	3	1	5	7	2	8	9
5	9	1	6	2	8	7	4	3

NO: 143

2	6	8	1	9	3	4	5	7
7	9	5	4	6	2	8	3	1
1	4	3	8	5	7	2	9	6
4	3	9	5	7	1	6	8	2
6	2	7	3	8	9	5	1	4
8	5	1	6	2	4	3	7	9
9	1	6	2	3	5	7	4	8
3	7	2	9	4	8	1	6	5
5	8	4	7	1	6	9	2	3

NO: 144

8	9	7	2	3	4	5	6	1
1	3	4	5	6	9	7	8	2
5	2	6	8	7	1	4	9	3
2	6	8	4	5	3	9	1	7
9	4	5	1	2	7	8	3	6
3	7	1	6	9	8	2	4	5
7	5	9	3	4	6	1	2	8
6	8	2	9	1	5	3	7	4
4	1	3	7	8	2	6	5	9

NO: 145

8	3	9	6	5	7	2	1	4
6	7	2	9	4	1	5	8	3
1	5	4	8	3	2	9	6	7
5	4	1	2	8	3	7	9	6
2	8	7	4	9	6	3	5	1
9	6	3	7	1	5	4	2	8
7	1	8	3	2	9	6	4	5
3	2	5	1	6	4	8	7	9
4	9	6	5	7	8	1	3	2

NO: 146

5	3	7	4	8	2	6	1	9
2	8	4	6	9	1	3	5	7
6	1	9	3	5	7	8	4	2
7	9	1	5	6	3	4	2	8
3	5	8	1	2	4	7	9	6
4	6	2	9	7	8	5	3	1
9	2	5	8	3	6	1	7	4
1	7	6	2	4	5	9	8	3
8	4	3	7	1	9	2	6	5

NO: 147

4	7	5	8	9	1	6	3	2
2	9	8	5	6	3	4	1	7
3	1	6	4	2	7	5	8	9
1	8	4	9	7	6	2	5	3
6	5	3	2	4	8	9	7	1
9	2	7	3	1	5	8	6	4
8	6	2	1	3	4	7	9	5
7	3	9	6	5	2	1	4	8
5	4	1	7	8	9	3	2	6

NO: 148

8	9	4	1	5	7	3	6	2
5	2	1	3	6	8	9	7	4
3	6	7	2	4	9	1	8	5
9	8	3	5	7	6	4	2	1
4	7	2	8	1	3	5	9	6
6	1	5	9	2	4	7	3	8
7	5	9	4	8	2	6	1	3
1	3	8	6	9	5	2	4	7
2	4	6	7	3	1	8	5	9

NO: 149

8	6	3	1	5	9	7	4	2
5	2	7	6	3	4	9	1	8
4	9	1	8	7	2	5	6	3
2	1	5	7	4	3	8	9	6
6	3	9	5	2	8	1	7	4
7	8	4	9	1	6	3	2	5
9	4	8	3	6	7	2	5	1
1	7	2	4	8	5	6	3	9
3	5	6	2	9	1	4	8	7

NO: 150

1	8	2	7	6	4	9	5	3
5	3	6	9	2	8	7	4	1
4	9	7	3	5	1	6	2	8
8	6	3	5	7	2	4	1	9
2	7	4	6	1	9	3	8	5
9	1	5	4	8	3	2	6	7
3	2	9	1	4	5	8	7	6
7	5	8	2	9	6	1	3	4
6	4	1	8	3	7	5	9	2

NO: 151

3	4	7	1	9	8	5	6	2
2	8	9	5	6	7	4	3	1
1	5	6	3	4	2	9	8	7
5	3	1	2	7	9	8	4	6
9	6	2	8	1	4	7	5	3
8	7	4	6	3	5	2	1	9
4	2	3	7	8	1	6	9	5
7	1	8	9	5	6	3	2	4
6	9	5	4	2	3	1	7	8

NO: 152

1	8	4	7	5	2	3	9	6
5	2	7	6	3	9	1	8	4
6	3	9	4	1	8	5	7	2
7	1	8	5	9	6	2	4	3
3	4	2	8	7	1	9	6	5
9	5	6	2	4	3	7	1	8
2	7	3	9	8	4	6	5	1
4	6	5	1	2	7	8	3	9
8	9	1	3	6	5	4	2	7

NO: 153

4	7	1	2	6	9	3	8	5
6	9	3	5	8	1	7	4	2
2	8	5	3	4	7	6	9	1
7	4	9	8	1	3	5	2	6
1	5	2	6	7	4	9	3	8
8	3	6	9	2	5	1	7	4
5	6	7	4	9	2	8	1	3
3	1	4	7	5	8	2	6	9
9	2	8	1	3	6	4	5	7

NO: 154

5	9	7	6	3	1	8	4	2
4	1	2	5	7	8	6	9	3
3	8	6	4	2	9	7	1	5
6	4	1	9	5	2	3	7	8
7	2	3	8	1	6	4	5	9
8	5	9	3	4	7	2	6	1
1	7	4	2	8	5	9	3	6
2	6	5	7	9	3	1	8	4
9	3	8	1	6	4	5	2	7

NO: 155

6	1	9	5	3	7	4	8	2
4	2	5	1	8	9	6	3	7
3	7	8	6	4	2	9	1	5
5	4	6	8	7	3	1	2	9
1	8	2	9	6	4	7	5	3
9	3	7	2	5	1	8	6	4
7	6	1	3	9	5	2	4	8
8	9	3	4	2	6	5	7	1
2	5	4	7	1	8	3	9	6

NO: 156

4	9	7	5	2	3	8	6	1
6	8	5	7	1	9	3	4	2
2	1	3	8	4	6	7	9	5
3	4	1	9	8	7	2	5	6
5	2	9	6	3	4	1	8	7
7	6	8	1	5	2	4	3	9
1	5	4	2	6	8	9	7	3
8	7	6	3	9	1	5	2	4
9	3	2	4	7	5	6	1	8

趣味数独

主编　王婧雯

越玩越聪明的数字游戏

进入数独的世界　发现数字之美

打开数学的视野　体验思考的乐趣

中级

学校：________________

班级：________________

姓名：________________

河南大学出版社
HENAN UNIVERSITY PRESS
·郑州·

图书在版编目（CIP）数据

趣味数独 / 王婧雯主编. -- 郑州 : 河南大学出版社, 2021.9
　　ISBN 978-7-5649-4875-7

Ⅰ. ①趣… Ⅱ. ①王… Ⅲ. ①智力游戏 – 青少年读物 Ⅳ. ①G898.2

中国版本图书馆CIP数据核字(2021)第200683号

趣味数独
QUWEI SHUDU

责任编辑	王丽芳
责任校对	仝一帆
封面设计	荣恒设计部
版式设计	荣恒排版部

出版发行	河南大学出版社
	地址：郑州市郑东新区商务外环中华大厦2401号　邮编:450046
	电话：0371-86059752（自然科学与外语部）
	0371-86059701（营销部）
	网址：hupress.henu.edu.cn
印　刷	河南省诚和印制有限公司
版　次	2021年9月第1版
开　本	890 mm × 1240 mm　1/16
字　数	160千
印　次	2021年9月第1次印刷
印　张	16
定　价	100.00元（全四册）

（本书如有印装质量问题，请与河南大学出版社营销部联系调换。）

目录

第一章　九宫数独元素……………01

第二章　九宫数独规则及解题方法…03

第三章　九宫数独经典例题解析……07

第四章　九宫数独练习题……………11

答　案………………51

第一章
九宫数独元素

数独的元素指数独中最基本概念的名称和含义。在做数独题之前我们需要先了解一下行、列、宫的概念和位置名称，掌握这些名词有利于我们后续的沟通和理解。我们先来看一下九宫数独的元素示意图。

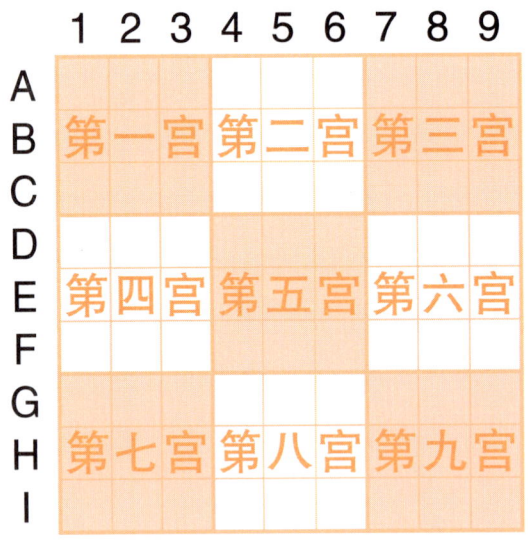

九宫数独元素示意图

单元格：数独盘面中最小的单位，即一个格子，通常简称为"格"，每个格内只有一个确定的数字。

行：数独盘面中水平方向9个单元格组成的区域总称，从上到下依次为A行、B行、C行、D行、E行、F行、G行、H行、I行，用英文字母表示。

列：数独盘面中垂直方向9个单元格组成的区域总称，从左到右依次为1列、2列、3列、4列、5列、6列、7列、8列、9列，用数字表示。

宫：数独盘面中粗线围成的3×3单元格组成的区域总称，从左到右、从上到下依次为第一宫、第二宫、第三宫、第四宫、第五宫、第六宫、第七宫、第八宫、第九宫。

已知数：数独题目给定的数字。

单元格（格）坐标标示方法：根据上述所标示的行和列的名称组合得出每个格子位置的坐标名称，如E行第五格，我们称之为"E5"格。

第二章
九宫数独规则及解题方法

九宫数独规则：在空白格内填入数字1—9，使得每行、每列、每宫内数字均不重复。

例题　　　　　　　　　　答案

唯一数法：当数独盘面中行、列、宫中只剩一个空格时，通过数数找出没有出现的数字并将其填入空格的方法（图2-1）。

图2-1　　　　　　　　　　图2-2

根据九宫数独的规则，每行内的数字不能重复，观察D行，通过点算，发现1—9中只剩下数字9没有出现，即D7=9；同样观察第6列，通过点算，发现1—9中只有数字5没有出现，即G6=5；再看第五宫，剩下数字2没有出现，即E4=2。

唯一数法是最直观、最基础的方法，通过点数就能发现。虽然简单，但也是很重要的方法，特别是在竞速的数独比赛中，能够快速发现唯一数也是获胜的关键之一。

宫排除法：以宫为目标，通过某一数字对某个宫进行排除，使得这个宫内只有一个格子可以填入该数字的方法。通常从相同数字多的数字开始，对没有这个数字的宫进行排除。宫排除法是数独最常用的基本解题方法之一。

（1）观察图2-2中的第一宫，由于D2=8，对第一宫进行排除。根据规则，同在第2列的A2、B2、C2三格内不能再填数字8，如图2-2第一宫打叉处，于是第一宫的数字8只能在A3，即A3=8。

（2）观察第七宫，由于H7=8，I4=8，同时对第七宫进行排除，于是同在H行的H1、H2、H3和第I行的I1、I2、I3六格内，不能再填数字8，如图2-2中的第七宫打叉处，于是第七宫的数字8只能在G1，即G1=8。

（3）同理观察第三宫B行B6、E行E8、H行H7三格内的数字8对第三宫进行排除，可以得出C9=8。

（4）观察第五宫，第五宫虽然没有已知数，但是它的四个方向上都有数字8，分别是第二宫B6格、第四宫D2格、第六宫E8格、第八宫I4格。这四个8从四个方向对第五宫进行排除，如图2-2中的第五宫图示，得出问号处F5=8。

这种通过某个数字对某个宫进行排除得出数字的方法就叫宫排除法。

行列排除法：以行或列为目标，通过某一数字对某行或某列进行排除，使得该行或该列只有一个格子可以填该数字的方法。通常在题目中已知数字在某行或某列内较多时选择使用，也是排除法中常用的基本解题方法之一。

观察图2-3中的D行，由于E2=6，所以同在第四宫的D1、D2、D3不能再填数字6；由于H4=6，所以同在第4列的D4不能再填数字6；同样由于B5、A7、G9等于6，排除掉D5、D7、D9三格填6的可能性。于是D行只剩下最后一格D8，即D8=6。

唯余法：指在数独盘面中，如果某个格子有8个不同的数字同时对它产生影响，使得该格子只能填入唯一未出现的数字的方法。通常都是先观察行、列、宫，数出某区域缺少的数字，结合其他区域的不同数字对该区域内其中一格的影响，该格子受其他 8 个不同数字的限制，只能填入唯一余下的数字。

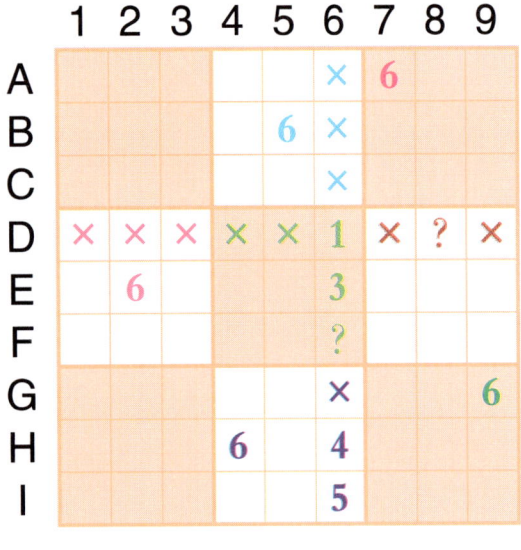

图 2-3

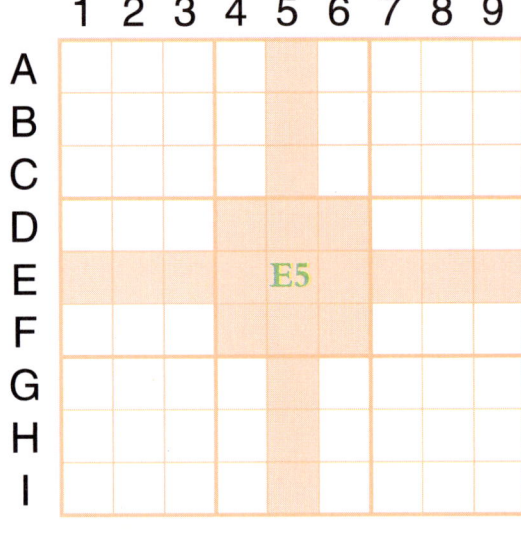

图 2-4

观察图 2-4，根据数独的基本规则，行、列、宫内不能出现相同的数字，E5 可以影响到 20 个格子，如图中阴影部分的格子。反过来说就是这些格子内出现的数字，E5 不能再填，这就是我们唯余法出数的基本原理。

观察图 2-5，图中 E 行内有数字 2、3、5、9，第 5 列里有 7、8，第五宫内有 1、4。根据数独的规则，2、3、5、9、7、8、1、4 这八个不同的数字共同影响的 E5 格，只剩下数字 6 没有出现，所以只能填 6，即 E5=6。

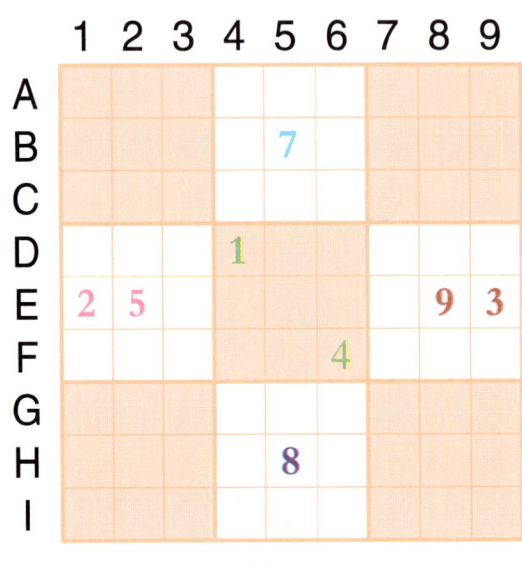

图 2-5

第三章
九宫数独经典例题解析

九宫数独规则：在空白格内填入数字 1—9，使得每行、每列、每宫内数字均不重复。

	1	2	3	4	5	6	7	8	9
A			7				2		
B			2	5		6	7		
C	9	1						8	6
D		6		8		4		5	
E									
F		2		6		9		7	
G	1	7						3	4
H			5	4		1	8		
I			4				6		

图 3–1

我们已经学习了宫排除法和行列排除法，先利用这些知识来完成上面的题目，首先依然是从相同数字多的数字或者某一密集的区域开始。

（1）先看数字 6，对第一宫进行宫排除。由于 B6=6，所以同在 B 行的 B1、B2 不能再填数字 6；因为 C9=6，所以同在 C 行的 C3 不能是 6；又因为 D2=6，同在第 2 列的 A2 不能再填数字 6。于是第一宫的数字 6 只能填在 A1 格，即 A1=6。同理对第七宫进行排除，得 G3=6。对第六宫进行排除，得 E8=6。如图 3–2 所示。

	1	2	3	4	5	6	7	8	9
A	6		7				2		
B			2	5		6	7		
C	9	1						8	6
D		6		8		4		5	
E								6	
F		2		6		9		7	
G	1	7	6					3	4
H			5	4	6	1	8		
I			4				6		

图 3–2

	1	2	3	4	5	6	7	8	9
A	6		7				2		
B			2	5		6	7		
C	9	1	3					8	6
D		6		8		4		5	
E								6	
F		2		6		9		7	
G	1	7	6					3	4
H			5	4	6	1	8		7
I			4				6		

图 3–3

（2）观察 C3 格，注意到 C 行里已有数字 1、6、8、9，第 3 列有 2、4、5、6、7，八个不同的数字 1、6、8、9、2、4、5、7 共同对 C3 格产生影响，于是 C3 格只能填入数字 3，即 C3=3。再看第 H 行，由于 G2=7，于是同在第七宫的 H1、H2 不能再填数字 7，又因为 F8=7，于是同在第 8 列的 H8 不能再填数字 7，于是 H 行的数字 7 只能在 H9，即 H9=7。如图 3–3 所示。

（3）接下来再看 B4 格数字 5，对第一宫进行排除得出 A2=5，对 C 行进行排除得出 C7=5；继续对第九宫进行排除得出 I9=5，I8=1，H8=2，G7=9。接下来看 H 行，通过行列排除法可得 H1=3，H2=9，从而得 E2=3，B2=4，I2=8，完成第七宫和第一宫 I1=2，B1=8。对于已经掌握的基础方法，可以交替着使用，以第一时间发现的线索为准，不必按照某个原则，比如先宫排除后行列排除，或者先行列排除后宫排除的顺序来观察。在大量的做题中形成自己的习惯即可，而最后要做到各种方法的自由流畅转换才是提升速度的关键。通过宫排除和行列排除可以得出若干数字。如图 3–4 所示。

	1	2	3	4	5	6	7	8	9
A	6	5	7				2	4	
B	8	4	2	5		6	7	9	
C	9	1	3		4		5	8	6
D		6		8		4		5	
E		3						6	
F		2		6		9		7	
G	1	7	6				9	3	4
H	3	9	5	4	6	1	8	2	7
I	2	8	4				6	1	5

图 3–4

（4）此时我们发现用基本的排除很难找出数字了，再尝试用一下唯余法。观察 D1，结合 D 行、第 1 列及第四宫内的数字 1、2、3、4、5、6、8、9 都对该格有影响、只能填数字 7，即 D1=7。同样用唯余法可以得出 G4=2。如图 3–5 所示。

	1	2	3	4	5	6	7	8	9
A	6	5	7				2	4	
B	8	4	2	5		6	7	9	
C	9	1	3		4		5	8	6
D	7	6		8		4		5	
E		3						6	
F		2		6		9		7	
G	1	7	6	2			9	3	4
H	3	9	5	4	6	1	8	2	7
I	2	8	4				6	1	5

图 3–5

（5）接下来，利用排除法和唯余法即可解决，不再赘述，答案如图 3–6 所示。

	1	2	3	4	5	6	7	8	9
A	6	5	7	3	9	8	2	4	1
B	8	4	2	5	1	6	7	9	3
C	9	1	3	7	4	2	5	8	6
D	7	6	9	8	3	4	1	5	2
E	5	3	8	1	2	7	4	6	9
F	4	2	1	6	5	9	3	7	8
G	1	7	6	2	8	5	9	3	4
H	3	9	5	4	6	1	8	2	7
I	2	8	4	9	7	3	6	1	5

图 3–6

（6）验算。每一行、每一列、每一宫进行验算，行、列、宫之间数字不得重复即可。

第四章

九宫数独练习题

九宫数独规则：在空格内填入数字1—9，使得每行、每列和每宫里的数字都是1—9，且不能重复。

关注公众号“码”上看答案

中级难度　完成总时间：______分钟

	4						8	
9		2				6		3
	6		4		2		1	
		6		9		5		
			8		6			
		4		3		1		
6	2		7		9		3	
		3				7		9
	8						2	

完成时间：_____分钟　第01题

				7				
		3	1		8	9		
	5	6				1	7	
9			2		4			7
3								1
2			3		7			5
	7	4				3	6	
		2	7		1	8		
				9				

完成时间：_____分钟　第02题

			6	7	4			
6		8				3		
				1		4	9	
4	5		2					7
	7					9		4
			1		7			2
2		7					4	
				8	9			
1		9			6		5	

完成时间：_____分钟　第03题

3	4							
			4		3		1	
7			9		5			
		8				5	7	
9		7	5					
		1		8		9	3	
	5		2	1	8			
	9	3						1
				4		6		5

完成时间：_____分钟　第04题

中级难度　完成总时间：______分钟

2	6	1			7			
			3		4			
					1			7
1	9	8					7	
	7					3	6	1
3			6					
8			7		5			
6			8			7	4	2

完成时间：______分钟　第 05 题

	2						5	
9		3						6
	1		6	7	8			
		7		1		9		
		5	9		6	1		
		1		5		2		
			8	3	4		1	
1						6		3
	7						9	

完成时间：______分钟　第 06 题

	9		8		4		7	
		4				9		
2			3		9			6
1				8				4
	8						5	
6				7				2
8			9		5			7
		3				4		
	4		6		7		8	

完成时间：______分钟　第 07 题

			9		2		3	
	2	1						6
	9		1		3			
					5	3		7
7	6	3						
5						8		2
1				5			9	
				4		2	1	
2		7	3	1				

完成时间：______分钟　第 08 题

中级难度　完成总时间：______分钟

				6	9	1		
			7			9	3	
				4			6	2
	9				6			3
7		5				6		1
2			3				8	
3	5			1				
	4	8			7			
		1	9	5				

完成时间：______分钟　第 09 题

2				4	3			
				2		8		
6		9			7			
						2	6	5
			2		8			
3	1	2						
	6		4			1		9
	2	1		5				
			1	7				3

完成时间：______分钟　第 10 题

5		7				6		1
				7	4	3		
2	3							4
	1		3		7			
	9						1	
			1		2		4	
9							8	5
		8	6	3				
1		5				2		6

完成时间：______分钟　第 11 题

6		5				7	4	
			9	4				2
7		4						1
4			7		1			
	6						8	
8					4		2	
	1	3				6		8
		7		6				
			1		9	3		4

完成时间：______分钟　第 12 题

中级难度　完成总时间：______分钟

	1			7			2	
3		4						6
	6		3	2				
		2	8		7			
6		5				9		8
			9		6	4		
				3	8		9	
9						2		5
	3			9			4	

完成时间：______分钟　第 13 题

		6						8
			8				1	
7			1	4	5			
	1	4		8		9		
		9	2		6	5		
		2		3		8	7	
			3	5	2			6
	3				1			
9						3		

完成时间：______分钟　第 14 题

	6			4			5	
	9						7	8
	2		3	7				
4			2		1			
2		9				1		3
1					4	5		
6				5				
						6	1	9
		7	4	8	6			

完成时间：______分钟　第 15 题

8	7	9				1		
			8	7				6
4				2		5		
	2		1				6	
			6		7			
	5				2		1	
		4		9				1
1				4	5			
		7				4	8	2

完成时间：______分钟　第 16 题

中级难度　完成总时间：＿＿＿分钟

第17题　完成时间：＿＿＿分钟

第18题　完成时间：＿＿＿分钟

第19题　完成时间：＿＿＿分钟

第20题　完成时间：＿＿＿分钟

中级难度　完成总时间：______分钟

	6				1			
	3	7				6		
	4		8	6			5	
		8	9		4			7
4		9				2		
					8	1		
				7	5		8	
7						4	1	6
1	8			2				

完成时间：______分钟　第 21 题

			6			1	2	
8	1		7		2			
7		9				5		
				7				3
9		4				7		8
1				4				
		3				9		1
			3		9		7	4
	9	2			7			

完成时间：______分钟　第 22 题

			4	2		9		
	9	3					1	
1				9			6	
			6		3			4
2		7				5		6
8			2		7			
	5			4				9
	6					2	7	
		2		6	9			

完成时间：______分钟　第 23 题

9		6			4			
		5				4	9	
		7		3	9		8	
	8				6		2	
6								7
	4		2				3	
	6		3	4		9		
	5	4				7		
			5			3		8

完成时间：______分钟　第 24 题

中级难度　完成总时间：______分钟

			9		3			
	1	6				3	7	
2				8				1
	3		5		1		9	
1								2
	6		7		8		4	
6				3				7
	7	1				4	3	
			1		9			

完成时间：______分钟　第 25 题

	8						3	
9		3				8		6
	1		3		2		4	
		6		5		4		
			8		9			
		4		2		1		
	3		2		7		8	
5		9				2		4
	6						7	

完成时间：______分钟　第 26 题

				5		6		
			8		7	5		
				9		7	1	2
	2		5				6	
7		4				8		5
	5				6		9	
3	4	2		7				
		5	9		8			
		8		1				

完成时间：______分钟　第 27 题

			1		5			
		5		8		3		
	3	8				2	1	
3			5		4			9
		7				6		
1			2		8			3
	6	2				7	9	
		3		4		8		
			8		9			

完成时间：______分钟　第 28 题

中级难度　完成总时间：______分钟

			4	8	1			
2		8					3	
	9						8	7
			2		7	5		
5		9				2		8
		1	8		4			
7	8						1	
	4					3		2
			3	6	9			

完成时间：______分钟　第 29 题

8							5	
			9	8	1			
7		3				8	9	
				9	8			3
1		4				9		7
3			2	7				
	4	5				7		8
			5	6	7			
	3							9

完成时间：______分钟　第 30 题

8	5	9						
			7		8			
	6			1		5		
			6		3		1	
4		3				9		
9			1		5		3	
	3			6				7
	7	5				4		6
			5	7				1

完成时间：______分钟　第 31 题

4			8	3	5			
1						3	5	
8		5						
	6		7	2				
	5	2				8	9	
				5	9		4	
						2		5
	1	8						4
			5	4	7			6

完成时间：______分钟　第 32 题

中级难度　完成总时间：______分钟

7		9			6			
		3			2		6	
				4			8	1
	7			6	8			
3		4			7	1		6
			5	1			7	
1	5			7				
	9		4			2		
			6			7		9

完成时间：______分钟　第 33 题

	9			7				
		6				1		7
	7			6	4		3	
		4	1		9			
3		9				5		2
			2		5	3		
	8		3	9			6	
9		7				4		
				5			8	

完成时间：______分钟　第 34 题

	5	7			4			
		2				5	3	4
	9			5				
8					6		2	7
			9		7			
7	6		1					3
				6			1	
6	2	4				3		
			4			2	5	

完成时间：______分钟　第 35 题

		6		5		1		
9				2	7			
		7		9		2		8
	2						3	
						4	8	2
7	9		8					
		8				3		4
	3		9		1			
			5				2	

完成时间：______分钟　第 36 题

中级难度　完成总时间：______分钟

			5	9	6			
4					3		5	
7		6						
			9		7		3	8
3		8						4
		5			8			7
	3		8	6		7		
	2	1						
				4		9	2	

完成时间：______分钟　第 37 题

8	2	5		9				
					1	5	3	
	6			7			2	
7							9	
			9			2		7
		9		6				
	8		7					6
3		1				7		2
	7				8			5

完成时间：______分钟　第 38 题

3			7			8	9	
						2		
7		5		8				
	7		6		9		4	
	9						2	
	8		2		1		6	
				9		5		1
		9						
	4	1			3			9

完成时间：______分钟　第 39 题

6	7					4		
				5	9			
1				7				9
		7			2		4	
			7			6	2	
4		6		1				
	9		5		4			
5		4						3
	3		1			8		4

完成时间：______分钟　第 40 题

中级难度　完成总时间：_____分钟

第41题

					3	4		
7								
	5			2				
4		3		7				
	9		8		4	5		
	1		7			9		
	4	2	9		6			
		5		9		8		
		8		6				
3	8					9		

完成时间：_____分钟

第42题

第43题

第44题

中级难度　完成总时间：______分钟

7			2		6		4	
6						2		7
8							5	
			1					4
4	9	7						
			4		3			9
	4			7				
	8	1		3				
				2		1	9	3

完成时间：______分钟　第 45 题

7				6	3			
			4			8		5
5		3						1
	2		8				4	
		7				6		
	9				2		5	
9						3		8
4		2			9			
			2	8				9

完成时间：______分钟　第 46 题

		3				5		
	2		8		9		4	
		9				2		
4				9				2
9			7	5	2			6
6				8				5
		4				6		
	7		6		1		9	
		1				3		

完成时间：______分钟　第 47 题

9			8			2		1
	1			6	5			
6	8							7
		1	4				2	
				5			3	
4		9			2			5
			2		8			
	3					4	9	
			9			7		2

完成时间：______分钟　第 48 题

中级难度　完成总时间：______分钟

1		2			7			
				4	1	9		
5						4	7	
					3		4	9
	1						8	
6	7		8					
	9	6						4
		1	3	7				
			2			7		5

完成时间：______分钟　第 49 题

				2		3	8	
8		9			6			
				9		4	1	
	1		4		3			
		8				2		
			2		9		4	
	8	3		1				
			8			1		5
	6	5		7				

完成时间：______分钟　第 50 题

				4	1			9
1		5		8				
9		4				8		
			9		8			4
							6	3
	1	6			7			
			7			2	4	
4	2		6					
	5					9	7	

完成时间：______分钟　第 51 题

		6		2	3		7	
			9					6
7		8		6				
	1		5					4
	4					8		5
	8		7		4		1	
						3		2
2			3	9	1			
	3					5		

完成时间：______分钟　第 52 题

中级难度　完成总时间：______分钟

			9	6			2	
	9						4	7
7		3		4				
			4		8			
		1				5		6
9					3			4
	1			9		2		
8		9					3	
	2		7			1		

完成时间：______分钟　第 53 题

			9			1		6
2	1	9	7					
			3					8
						5	8	1
			4		6			
1	9	3						
6					9			
					7	9	3	4
9		4			2			

完成时间：______分钟　第 54 题

		3			4		1	
			1				8	2
		7		6	8			
			3			9		1
5		4				3		
			7		1		6	
				2		1		5
9	2							
	6			9				

完成时间：______分钟　第 55 题

	6				5	7		
1	4		3					8
						2		
				5		1		9
			8	9	6			
3		6		4				
		3						
7					1		4	2
		1	6				5	

完成时间：______分钟　第 56 题

中级难度　完成总时间：______分钟

					5	7		9
4		2			9			
7		3					4	
	1				2		7	
				8				
	7		5				8	
	8					2		7
			1			4		8
9		1	4					

完成时间：______分钟　第 57 题

2		3					4	
9							2	1
				6	3			
			5			1		
7	4		1			5		
	5			2	9			
	7							8
		8	4	7				
				8			3	6

完成时间：______分钟　第 58 题

			4	2	8			
	7					4		
	4				6		8	
7			2			3		6
9		8						7
1			7		4			9
				4				
						1	2	
			6	5	7			

完成时间：______分钟　第 59 题

4		3			2			
					6			1
		7			4		5	
		2				1		9
8				5				7
1		4				3		
	7		1			5		
2			6					
			7			2		6

完成时间：______分钟　第 60 题

中级难度　完成总时间：______分钟

		8			5		3	
					1		4	8
		6	8		2			
						4	1	3
3	8			7				
1						7		
	7					6		9
	6	3		2				
			6	9				

完成时间：______分钟　第 61 题

5								8
2			9	3				
1	8			4				
		5	8		6			
		8				9	6	
		9			2		1	
			4	7	3			
	5					4		
						3	9	2

完成时间：______分钟　第 62 题

					2		1	6
7	9							8
	6		8		1			
				2		8		4
6					5			
	3	9				5		
8			1					
			6			2	3	
		7		5			8	

完成时间：______分钟　第 63 题

	9		2	1	7			
						1	7	
3							6	
			9		4			3
2		8						4
			5		3			7
	2			4				
6		3						2
	1			9		4		

完成时间：______分钟　第 64 题

中级难度　完成总时间：______分钟

			5			6	7	
3		7			1			
	4			6			1	
		1				9		3
9		3				8		
	8			7			6	
			2			7		4
	1	2			4			

完成时间：______分钟　第 65 题

			4		2			
		5	7			4	9	
4						5		
	1		9				8	
6								5
	3				6		4	
		4						6
	5	2			9	7		
			3		8			

完成时间：______分钟　第 66 题

				8	2		1	
		1					5	7
		9		1				
5								4
			1			2		9
1		8		4				
			2			5	9	
9	4							
	8		7		6			

完成时间：______分钟　第 67 题

	5					9		
4			2			3		6
7			3	8				
		4				2	5	
	2	3				4		
				7	6			8
8		5			9			2
		6					1	

完成时间：______分钟　第 68 题

中级难度 完成总时间：______分钟

7						8		
			3	5				
5		9						4
			6		2			
2	1						7	
			5		1		9	
8	3					6		
		7		3				
		6		8		2		7

完成时间：______分钟 第 69 题

	6				8		1	
						8		4
			5		3		9	
8				3		9		6
3		2			1			
						4		
	4			2				
6		1						7
	3			5	4			

完成时间：______分钟 第 70 题

		1				3		
			9		5		4	
	2				8		7	
				5		1		9
6								3
3		8		2				
	9		7				1	
	7		3		6			
		4				7		

完成时间：______分钟 第 71 题

9		3		4	5			
5					6			
						4		5
	2		1				4	
		1				2		
	8				7		6	
1		6						
			7					9
			3	8		6		7

完成时间：______分钟 第 72 题

中级难度　完成总时间：______分钟

8		2				6		
			3		7			5
		4		9		1		
					5		2	
	8						9	
	3		1					
		6		7		3		
5			8		6			
		8				5		4

完成时间：______分钟　第 73 题

			6		1			
	6	8						
	7		4	2				
1		2			7			3
		4				9		
8			2			7		4
				9	4		2	
						6	5	
			7		5			

完成时间：______分钟　第 74 题

8	4						3	
			8			7		4
	5		4				9	
5				2				
					7			
3		7				2	1	
	7		3					
		8				5		2
			9		4			8

完成时间：______分钟　第 75 题

		6	9	1	2			
		3				5		
		4					6	
	7		4		5			1
9								3
			8		1			4
						3	9	5
1					3			
	6			8				

完成时间：______分钟　第 76 题

中级难度 完成总时间：______分钟

3	4			6	8			
				7			9	4
	2							
			1		7	2		
4								3
		6	9		3			
							6	
8	7			2				
			8	9			3	2

完成时间：______分钟 第 77 题

			1	7				
1	8					2		
	4				3		1	
		3		1		8		
					6			7
7		2						5
	1		6		4			
		8				9	3	
			9				2	

完成时间：______分钟 第 78 题

			3	7		8		
			9			5		
5						7		
	3						9	7
	2		6		3		1	
4	6						3	
		6						2
		8			2			
		4		8	7			

完成时间：______分钟 第 79 题

				5	7			9
	6	7						5
						2		1
	7				8		9	
			2		6			
	2		1				5	
3		5						
7						3	2	
1			8	6				

完成时间：______分钟 第 80 题

中级难度　完成总时间：______分钟

		9				7		
			4	7	3			
		6				8		5
	8		1				6	
5							7	
	4				2		3	
2		5				1		4
			7		5			
		3		8				

完成时间：______分钟　第 81 题

			7			2	1	
			6			5		
9		6		3		8		
							4	8
			9		8			
6	5							
		7		9		3		1
		5			1			
	8	9			4			

完成时间：______分钟　第 82 题

	8		4	2				
	9							
	6					1	2	5
8		2	1					
		6				2		
					2	7		4
6	7	3					8	
							3	
				1	8		5	

完成时间：______分钟　第 83 题

			5			1		8
			7	3	2			
	2							9
1		5			6		9	
		6					7	
7							8	3
	9			1	4			
		1				3		
			6		7			

完成时间：______分钟　第 84 题

中级难度　完成总时间：______分钟

		1		2			9	
	8			4				
		2					3	1
9					4			
5			9		3			7
			7					6
7	3					6		
				3			5	
	2			8		3		

完成时间：______分钟　第 85 题

			9				4	5
		2						
	3		1	2			6	
		6						3
7			4		1			8
5						7		
	4			8	7		5	
						6		
3	9				6			

完成时间：______分钟　第 86 题

		2		9				
9		4						
			4		1			
	3		1			2		
	7	5						4
			7		6	9		
				8			3	1
2				5	4			
3	4						6	

完成时间：______分钟　第 87 题

				7		5		1
4		8						
7				6				9
3			1					
	4					2		8
	2		7		3			
9							5	
			2	4				
		5			9	1	7	

完成时间：______分钟　第 88 题

中级难度　完成总时间：______分钟

			3		6			
3				2		1		
7						2		8
	2						8	9
			1		3			
4	5						7	
2		7						4
		9		1				3
			5		9			

完成时间：______分钟　第 89 题

5		9					7	
			8	9			3	
		6			2		8	
2	6							
			1		4			
							9	4
	1		4			5		
	4			3	6			
	5					6		7

完成时间：______分钟　第 90 题

	1		4					
				8	3			
6	9					2		
			5				7	
3		5					1	
					7			4
1	5			7				
		9				7		2
		4		6		3		

完成时间：______分钟　第 91 题

	9		2		4			
					5			
6	7					3		
			3				6	5
2		6						
		4			9			3
7			8	9				
						5		1
		3		7		6		

完成时间：______分钟　第 92 题

中级难度　完成总时间：______分钟

7		5		9				
		4				8		
			6		5		7	
4	9					1		
			5	2				3
				8		2		
	8						2	1
	6	9			7			
					1			9

完成时间：______分钟　第 93 题

				9		3		
			8	2	4			
	9	8						5
6					7		8	
9							2	3
	4						9	
5		9				6		
			4			8		
		7		5	1			

完成时间：______分钟　第 94 题

			3	9	2		4	
		5					1	3
7			9	6				
6		3				9		7
				5	3			4
3	2					5		
	8		2	1	4			

完成时间：______分钟　第 95 题

3	5				2			
			5			7		
							1	
		7		9				2
1				6	7			
2		6					4	
			6		4			
5	8							4
	2		3	1				8

完成时间：______分钟　第 96 题

中级难度　完成总时间：______分钟

				9	2		1	
9		3						8
8				1				
	9				5			3
3	7					8		6
			6					
	2						9	
		8		2	4			
				7		5	8	

完成时间：______分钟　第 97 题

			6		2			
8								5
	2		1		5		7	
		9		3		4		
3								6
		2		5		7		
	1		4		7		2	
6								1
			3		1			

完成时间：______分钟　第 98 题

		5			8			9
						4	2	8
		6			1			
				2		1		7
	3						5	
9		4		5				
			7			8		
1	2	9						
5			9			2		

完成时间：______分钟　第 99 题

			2			4		
	3		8	1				
	2					1	6	
8				4				5
		5				6		
7				5				2
	6	9					5	
				2	4		7	
		4			8			

完成时间：______分钟　第 100 题

中级难度　完成总时间：______分钟

					3			6
		3		2				
2	9		5					
9					4		6	
3			8		1			5
	7		9					3
					5		9	7
				6		8		
4			1					

完成时间：______分钟　第 101 题

8					5		9	3
4						1		
	5				2			
9		8		1				
			6		7			
				2		4		7
			3				2	
		4						8
3	1		5					9

完成时间：______分钟　第 102 题

8		9			1	6		
			9				3	
5				8		4		
		8			3			
	1			2			5	
			4			7		
		1		5				6
	6				2			
		7	8			2		9

完成时间：______分钟　第 103 题

				4		7		
		7			1		5	
		8	3		2			
1								
	4	5	6		3	9	2	
								6
			9		5	2		
	9		4			3		
		2		1				

完成时间：______分钟　第 104 题

中级难度　完成总时间：______分钟

9					2			
1			5					4
		3				5	7	
					8	6	9	
6								2
	1	4	9					
	5	9				4		
2					1			6
			3					5

完成时间：______分钟　第 105 题

	3							
7		1				8		5
5			8	1	9			7
		4	6		7	3		
	5						2	
		7	1		3	5		
		6	9	8	5			2
4		9				6		8
	1							

完成时间：______分钟　第 106 题

			2					
	2	8			7	5		
	9			1	4			
1	6							
2			3		1			7
							8	4
			5	4			9	
		3	8			6	5	
					6			

完成时间：______分钟　第 107 题

	4	5						
				2		7	9	
		6		3				4
					2	5	3	
	1						4	
	5	9	6					
4				1		3		
	6	7		9				
						4	8	

完成时间：______分钟　第 108 题

中级难度　完成总时间：______分钟

		7			6			2
	8							
					3	4		9
	5			3	1	6	8	
1			4					
			5					
	3		2	4				
9								
	6					9	5	

完成时间：______分钟　第 109 题

	3	2					9	
9				2				1
6			7					
	8		5					
	6		1		2	3		5
			4					
								2
					7	1		3
4					5	7		

完成时间：______分钟　第 110 题

	8					6	7	2
	9			2	6	5		
8	2	9					6	1
6								
			4				9	
1			5		4		3	
							4	
5			9		7	1		

完成时间：______分钟　第 111 题

	5		1				8	3
1		4						
7							2	
			9	6	3	5		
	6		5	1	2			
2							3	
4		3	7			6		
							1	9

完成时间：______分钟　第 112 题

中级难度　完成总时间：______分钟

	5			6				
	8							2
		2			4	9		
				2				
1			9			7		8
6		8			7	3		
9			1					4
		6					3	
				4			5	

完成时间：______分钟　第 113 题

	3	5				6		
			6				7	1
5				4				2
		9			3	7		8
2	8		7				6	
1		2			5			
	6					9	8	

完成时间：______分钟　第 114 题

2					8			
	1					7		
	5		7				4	
			5	4				
			1	2			9	
						2		6
	4		6				1	7
								3
3				5		9	8	

完成时间：______分钟　第 115 题

1				9			3	
		7					4	
	5		6	7				
5							9	1
		4		8				
	3			4			8	
					2	8		
	1	6	4			9		
4		3			9			2

完成时间：______分钟　第 116 题

中级难度　完成总时间：______分钟

				1			2	5
			3					
			9		8	1		6
						4	8	
3		4				9	7	
7		2						
	5	7		2				
					6			
4	1		7		3			

完成时间：______分钟　第 117 题

2					5	4	7	
9				2				
			8		1			
			6					
		6			3			
	5			4		9		
					6		8	
4		9		3			1	
			1	7				

完成时间：______分钟　第 118 题

	7	6						
			8	4				7
4		9					3	
7		2			8		4	
	3		6			8		9
			4			6		3
5				7	2			
8						2	5	

完成时间：______分钟　第 119 题

				1				
7	6					5	9	
1		5				8		
			7	9			1	
		3				2		
	8			6	1			
		8				7		3
	7	4					8	6

完成时间：______分钟　第 120 题

中级难度　完成总时间：______分钟

	9						2	3
			7				8	
	4	3	9					7
1		7		6				
	6			4			7	
				5		6		8
2					1	9		
		8			4			
3	1						5	

完成时间：______分钟　第 121 题

3	9				4			
						9		
			5		2			7
2	5			3			9	
	1						4	
	7			4			8	5
7			9		1			
		1						
			8				5	3

完成时间：______分钟　第 122 题

		8					1	3
			6			5		
1		7		9				
	5				3		6	9
3	2		4				7	
				5		8		4
		5			6			
8	4					6		

完成时间：______分钟　第 123 题

5				3		6		9
	2				7	4		
							2	
		1			3			5
			2	8	6			
6			7			9		
	1							
		7	1				4	
4		3		9				2

完成时间：______分钟　第 124 题

中级难度　完成总时间：______分钟

				8			6	3
		4	7		3			1
	6							9
	3					2		6
				3				
5		2					8	
4							1	
6			8		1	7		
9	1			5				

完成时间：______分钟　第 125 题

		8				3		
			3	9	1			
	1		8		2		7	
2	5						3	1
				3				
8	3						5	6
	4		1		6		8	
			4	8	9			
		5				6		

完成时间：______分钟　第 126 题

7								
		6	7	5		2		9
		4		9				
4					2		9	
	8						2	
	5		8					3
				1		5		
1		3		4	8	6		
								1

完成时间：______分钟　第 127 题

						4		
			8	1				
8				6	3	9	7	
	1					7		4
	2		7		8		6	
7		6					9	
	8	9	4	2				3
				9	6			
		3						

完成时间：______分钟　第 128 题

中级难度 完成总时间：______分钟

			7	3		2		
	2			5			8	
7			4					
						6		5
6	3						4	7
1		8						
					9			3
	9			2			6	
		5		7	6			

完成时间：______分钟 第 129 题

8			7	3	2			1
1	9						2	8
		4	5		1	6		
7								4
		9	4		7	1		
2	4						3	6
9			1	2	8			7

完成时间：______分钟 第 130 题

		6						4
4	2			6				7
		1	9		8			
		4			5		3	
8		7				5		
	9		6			8		
7			8			6		2
				9			5	
	6					9		

完成时间：______分钟 第 131 题

		8						
	7				6	5		
5		6			8	1		
3				7			1	
	4						9	
	1			5				2
		3	7			8		1
		9	8				7	
						4		

完成时间：______分钟 第 132 题

中级难度　完成总时间：______分钟

					4			9
4	6		8					3
		1		9				4
			6		2		7	
	2		5		3			
8				1		9		
1					7		4	2
3			9					

完成时间：______分钟　第 133 题

5						9		
			2					1
			1	3		5	2	
	2							7
		9	4		6	3		
4							1	
	5	4		6	9			
9					1			
		6						3

完成时间：______分钟　第 134 题

					8		6	
	3	6	5			9	4	
				3	6			5
	4					2	7	
		5	9					
1					7			
8		2			3			
	7	3					5	

完成时间：______分钟　第 135 题

				9	5			
			3					2
		4	1			7	8	
	6							4
		7			9	6		
5					8		2	
	7			6				
8		2		5			3	
			2		3			

完成时间：______分钟　第 136 题

中级难度　完成总时间：_____分钟

第137题

	3			5				
			4	6				
		5	8			1		2
	8				1	3		
				7				
7			9				2	
3		1			9			4
				4	2			
			7					6

第138题

7			8					
		9			6			
3		8	2		6		5	
	2	7						1
5				9		3		
			4					
	6						2	
9					5			
				1				8

第139题

			9	5		6	3	
	6	9	8					
							9	8
		7	6	2			4	
				7		2		
8				1				
7			2		3			
6		4						
				8		9		5

第140题

3		8	6					
	6	2		4				
		9	1	7				
				5			4	
9							1	3
	4					7		8
5	3		2		6			
	9	1	3					6
				4	9			

中级难度　完成总时间：_____分钟

第141题　完成时间：_____分钟

第142题　完成时间：_____分钟

第143题　完成时间：_____分钟

第144题　完成时间：_____分钟

中级难度　完成总时间：______分钟

		7			3			
5		4						9
		9	6	8				
1		3		5				
			1			6		8
	7						1	
					4	1		
9						7		6
			8	2		3		

完成时间：______分钟　第 145 题

		4		8				
			6		3	1		
		6	1	5	2		4	
			5			9	6	
				9		2		8
					8	4	3	
8	6							
2	3							
						5		9

完成时间：______分钟　第 146 题

	5		6			9	3	
8		4						5
	2				7			
4		9			1			
			5			7	6	
			7					3
	1					2	8	
2		3			8			6

完成时间：______分钟　第 147 题

3			1			7		
1							9	8
					3		1	
				2		4		
	9						2	
	2			7	8		6	1
		2		8	1			
		5			6			4
8		4						

完成时间：______分钟　第 148 题

中级难度　完成总时间：______分钟

9				2		8		
		8					2	
6			7		8	5		
	5		4		2			8
2	4	9				7	3	5
				9				
	7		2	5	9			4
3						1		

完成时间：______分钟　第 149 题

2					1		5	3
			3	7		4		
	6			9				
							8	5
		9				3		
4	1							
7	8		4				1	
		1		5	9			
				8				6

完成时间：______分钟　第 150 题

5							7	
1	9				3			
				9		3		
6			2		9	4	5	
	2	4	5		8			1
				3				
	1			2				
			7			6		4
		8						7

完成时间：______分钟　第 151 题

		4	2	5		9		
	8							
	5		6		4			3
2		1	3				7	
5				4		6		1
			9		3		6	
						3		7
6	1						8	

完成时间：______分钟　第 152 题

中级难度　完成总时间：______分钟

2		9	7					
				2			3	
8	3					2		
	5		2				6	3
					8			
4		2		1		8		
				9			7	6
		4	5					
	6					5		1

完成时间：______分钟　第 153 题

				2				
	8			4				
2		1			8			7
7	2					8	9	
						4		6
		9		3				
			6	9			5	
3		5		7				
			5			6		

完成时间：______分钟　第 154 题

				7		4		
	6		3	8				
		8			2			
		3	5		8			
								9
1			4					6
4			6			9	3	
							1	
	2						5	

完成时间：______分钟　第 155 题

		9	6	7		3		
	3							
2					5	1		8
	1					7		
			2		4			
	8					9		
	9	7	5				3	
	2			4	3			5
						8		

完成时间：______分钟　第 156 题

答案

九宫数独练习题

NO: 01

5	4	1	9	6	3	2	8	7
9	7	2	1	8	5	6	4	3
3	6	8	4	7	2	9	1	5
1	3	6	2	9	4	5	7	8
2	5	7	8	1	6	3	9	4
8	9	4	5	3	7	1	6	2
6	2	5	7	4	9	8	3	1
4	1	3	6	2	8	7	5	9
7	8	9	3	5	1	4	2	6

NO: 02

4	1	9	6	7	3	5	2	8
7	2	3	1	5	8	9	4	6
8	5	6	9	4	2	1	7	3
9	8	5	2	1	4	6	3	7
3	4	7	5	6	9	2	8	1
2	6	1	3	8	7	4	9	5
1	7	4	8	2	5	3	6	9
6	9	2	7	3	1	8	5	4
5	3	8	4	9	6	7	1	2

NO: 03

9	1	3	6	7	4	2	8	5
6	4	8	9	5	2	3	7	1
7	2	5	3	1	8	4	9	6
4	5	1	2	9	3	8	6	7
3	7	2	8	6	5	9	1	4
8	9	6	1	4	7	5	3	2
2	8	7	5	3	1	6	4	9
5	6	4	7	8	9	1	2	3
1	3	9	4	2	6	7	5	8

NO: 04

3	4	9	8	7	1	2	5	6
2	8	5	4	6	3	7	1	9
7	1	6	9	2	5	8	4	3
4	3	8	1	9	6	5	7	2
9	2	7	5	3	4	1	6	8
5	6	1	7	8	2	9	3	4
6	5	4	2	1	8	3	9	7
8	9	3	6	5	7	4	2	1
1	7	2	3	4	9	6	8	5

NO: 05

2	6	1	5	8	7	4	9	3
7	8	5	3	9	4	1	2	6
9	4	3	2	6	1	8	5	7
1	9	8	4	3	6	2	7	5
5	3	6	1	7	2	9	8	4
4	7	2	9	5	8	3	6	1
3	2	7	6	4	9	5	1	8
8	1	4	7	2	5	6	3	9
6	5	9	8	1	3	7	4	2

NO: 06

7	2	6	3	4	9	8	5	1
9	8	3	1	2	5	4	7	6
5	1	4	6	7	8	3	2	9
8	6	7	4	1	2	9	3	5
2	3	5	9	8	6	1	4	7
4	9	1	7	5	3	2	6	8
6	5	9	8	3	4	7	1	2
1	4	2	5	9	7	6	8	3
3	7	8	2	6	1	5	9	4

NO: 07

5	9	1	8	6	4	2	7	3
3	6	4	7	5	2	9	1	8
2	7	8	3	1	9	5	4	6
1	2	9	5	8	6	7	3	4
4	8	7	2	9	3	6	5	1
6	3	5	4	7	1	8	9	2
8	1	6	9	4	5	3	2	7
7	5	3	1	2	8	4	6	9
9	4	2	6	3	7	1	8	5

NO: 08

4	7	8	9	6	2	5	3	1
3	2	1	5	8	4	9	7	6
6	9	5	1	7	3	4	2	8
8	1	2	6	9	5	3	4	7
7	6	3	4	2	8	1	5	9
5	4	9	7	3	1	8	6	2
1	8	4	2	5	6	7	9	3
9	3	6	8	4	7	2	1	5
2	5	7	3	1	9	6	8	4

NO: 09

4	7	3	2	6	9	1	5	8
5	6	2	7	8	1	9	3	4
1	8	9	5	4	3	7	6	2
8	9	4	1	2	6	5	7	3
7	3	5	8	9	4	6	2	1
2	1	6	3	7	5	4	8	9
3	5	7	4	1	2	8	9	6
9	4	8	6	3	7	2	1	5
6	2	1	9	5	8	3	4	7

NO: 10

2	8	7	9	4	3	5	1	6
1	3	4	6	2	5	8	9	7
6	5	9	8	1	7	3	4	2
4	9	8	7	3	1	2	6	5
5	7	6	2	9	8	4	3	1
3	1	2	5	6	4	9	7	8
7	6	3	4	8	2	1	5	9
9	2	1	3	5	6	7	8	4
8	4	5	1	7	9	6	2	3

NO: 11

5	4	7	9	8	3	6	2	1
6	8	1	2	7	4	3	5	9
2	3	9	5	1	6	8	7	4
8	1	4	3	5	7	9	6	2
7	9	2	4	6	8	5	1	3
3	5	6	1	9	2	7	4	8
9	6	3	7	2	1	4	8	5
4	2	8	6	3	5	1	9	7
1	7	5	8	4	9	2	3	6

NO: 12

6	9	5	2	1	8	7	4	3
1	3	8	9	4	7	5	6	2
7	2	4	3	5	6	8	9	1
4	5	2	7	8	1	9	3	6
3	6	1	5	9	2	4	8	7
8	7	9	6	3	4	1	2	5
9	1	3	4	2	5	6	7	8
5	4	7	8	6	3	2	1	9
2	8	6	1	7	9	3	5	4

趣味数独 Ⅲ

NO: 13

8	1	9	6	7	5	3	2	4
3	2	4	1	8	9	7	5	6
5	6	7	3	2	4	1	8	9
4	9	2	8	1	7	5	6	3
6	7	5	2	4	3	9	1	8
1	8	3	9	5	6	4	7	2
2	5	1	4	3	8	6	9	7
9	4	8	7	6	1	2	3	5
7	3	6	5	9	2	8	4	1

NO: 14

1	9	6	7	2	3	4	5	8
5	4	3	8	6	9	2	1	7
7	2	8	1	4	5	6	3	9
3	1	4	5	8	7	9	6	2
8	7	9	2	1	6	5	4	3
6	5	2	9	3	4	8	7	1
4	8	7	3	5	2	1	9	6
2	3	5	6	9	1	7	8	4
9	6	1	4	7	8	3	2	5

NO: 15

7	6	1	9	4	8	3	5	2
3	9	5	6	1	2	4	7	8
8	2	4	3	7	5	9	6	1
4	5	6	2	3	1	8	9	7
2	8	9	5	6	7	1	4	3
1	7	3	8	9	4	5	2	6
6	3	2	1	5	9	7	8	4
5	4	8	7	2	3	6	1	9
9	1	7	4	8	6	2	3	5

NO: 16

8	7	9	5	6	4	1	2	3
2	1	5	8	7	3	9	4	6
4	6	3	9	2	1	5	7	8
7	2	8	1	5	9	3	6	4
3	4	1	6	8	7	2	9	5
9	5	6	4	3	2	8	1	7
6	3	4	2	9	8	7	5	1
1	8	2	7	4	5	6	3	9
5	9	7	3	1	6	4	8	2

NO: 17

9	6	5	1	7	3	8	4	2
3	4	7	8	2	5	9	6	1
1	2	8	4	6	9	5	7	3
6	7	1	9	3	2	4	5	8
5	8	2	7	4	1	6	3	9
4	9	3	5	8	6	1	2	7
2	5	6	3	9	8	7	1	4
8	3	4	6	1	7	2	9	5
7	1	9	2	5	4	3	8	6

NO: 18

2	1	5	8	6	3	7	4	9
6	9	8	5	4	7	1	2	3
4	7	3	1	9	2	6	8	5
5	6	2	7	3	8	9	1	4
1	3	9	4	2	6	8	5	7
8	4	7	9	1	5	2	3	6
7	8	4	6	5	1	3	9	2
3	5	1	2	7	9	4	6	8
9	2	6	3	8	4	5	7	1

NO: 19

8	6	7	2	4	3	1	5	9
3	5	9	7	1	6	4	2	8
2	1	4	9	5	8	7	3	6
9	4	2	1	7	5	8	6	3
5	3	6	4	8	9	2	7	1
7	8	1	3	6	2	5	9	4
6	9	8	5	2	4	3	1	7
4	7	5	6	3	1	9	8	2
1	2	3	8	9	7	6	4	5

NO: 20

4	2	3	6	7	1	9	5	8
1	9	7	8	3	5	6	4	2
6	5	8	9	2	4	3	1	7
3	7	5	2	4	6	1	8	9
2	6	1	5	9	8	4	7	3
8	4	9	7	1	3	5	2	6
7	3	2	1	5	9	8	6	4
5	8	4	3	6	7	2	9	1
9	1	6	4	8	2	7	3	5

NO: 21

9	6	5	7	4	1	8	2	3
8	3	7	5	9	2	6	4	1
2	4	1	8	6	3	7	5	9
3	2	8	9	1	4	5	6	7
4	1	9	6	5	7	2	3	8
5	7	6	2	3	8	1	9	4
6	9	4	1	7	5	3	8	2
7	5	2	3	8	9	4	1	6
1	8	3	4	2	6	9	7	5

NO: 22

3	4	5	6	9	8	1	2	7
8	1	6	7	5	2	3	4	9
7	2	9	1	3	4	5	8	6
2	6	8	9	7	1	4	5	3
9	3	4	5	2	6	7	1	8
1	5	7	8	4	3	6	9	2
4	7	3	2	8	5	9	6	1
5	8	1	3	6	9	2	7	4
6	9	2	4	1	7	8	3	5

NO: 23

6	7	8	4	2	1	9	5	3
4	9	3	5	7	6	8	1	2
1	2	5	3	9	8	4	6	7
5	1	9	6	8	3	7	2	4
2	3	7	9	1	4	5	8	6
8	4	6	2	5	7	3	9	1
7	5	1	8	4	2	6	3	9
9	6	4	1	3	5	2	7	8
3	8	2	7	6	9	1	4	5

NO: 24

9	1	6	8	5	4	2	7	3
8	3	5	7	2	1	4	9	6
4	2	7	6	3	9	5	8	1
5	8	3	9	7	6	1	2	4
6	9	2	4	1	3	8	5	7
7	4	1	2	8	5	6	3	9
2	6	8	3	4	7	9	1	5
3	5	4	1	9	8	7	6	2
1	7	9	5	6	2	3	4	8

NO: 25

7	8	5	9	1	3	6	2	4
9	1	6	4	5	2	3	7	8
2	4	3	6	8	7	9	5	1
4	3	8	5	2	1	7	9	6
1	9	7	3	4	6	5	8	2
5	6	2	7	9	8	1	4	3
6	5	9	8	3	4	2	1	7
8	7	1	2	6	5	4	3	9
3	2	4	1	7	9	8	6	5

NO: 26

7	8	2	9	6	4	5	3	1
9	4	3	5	7	1	8	2	6
6	1	5	3	8	2	7	4	9
8	2	6	1	5	3	4	9	7
1	5	7	8	4	9	3	6	2
3	9	4	7	2	6	1	5	8
4	3	1	2	9	7	6	8	5
5	7	9	6	3	8	2	1	4
2	6	8	4	1	5	9	7	3

NO: 27

4	9	7	2	5	1	6	3	8
2	3	1	8	6	7	5	4	9
5	8	6	4	9	3	7	1	2
1	2	9	5	8	4	3	6	7
7	6	4	1	3	9	8	2	5
8	5	3	7	2	6	1	9	4
3	4	2	6	7	5	9	8	1
6	1	5	9	4	8	2	7	3
9	7	8	3	1	2	4	5	6

NO: 28

2	7	4	1	3	5	9	6	8
9	1	5	6	8	2	3	4	7
6	3	8	4	9	7	2	1	5
3	2	6	5	7	4	1	8	9
4	8	7	9	1	3	6	5	2
1	5	9	2	6	8	4	7	3
8	6	2	3	5	1	7	9	4
5	9	3	7	4	6	8	2	1
7	4	1	8	2	9	5	3	6

NO: 29

3	6	7	4	8	1	9	2	5
2	1	8	9	7	5	4	3	6
4	9	5	6	2	3	1	8	7
8	3	4	2	9	7	5	6	1
5	7	9	1	3	6	2	4	8
6	2	1	8	5	4	7	9	3
7	8	3	5	4	2	6	1	9
9	4	6	7	1	8	3	5	2
1	5	2	3	6	9	8	7	4

NO: 30

8	9	1	7	2	3	4	5	6
4	5	6	9	8	1	3	7	2
7	2	3	4	5	6	8	9	1
5	7	2	1	9	8	6	4	3
1	8	4	6	3	5	9	2	7
3	6	9	2	7	4	1	8	5
2	4	5	3	1	9	7	6	8
9	1	8	5	6	7	2	3	4
6	3	7	8	4	2	5	1	9

NO: 31

8	5	9	4	2	6	1	7	3
3	4	1	7	5	8	6	2	9
7	6	2	3	1	9	5	4	8
5	2	7	6	9	3	8	1	4
4	1	3	2	8	7	9	6	5
9	8	6	1	4	5	7	3	2
1	3	8	9	6	4	2	5	7
2	7	5	8	3	1	4	9	6
6	9	4	5	7	2	3	8	1

NO: 32

4	2	9	8	3	5	7	6	1
1	7	6	4	9	2	3	5	8
8	3	5	1	7	6	4	2	9
9	6	4	7	2	8	5	1	3
3	5	2	6	1	4	8	9	7
7	8	1	3	5	9	6	4	2
6	4	7	9	8	1	2	3	5
5	1	8	2	6	3	9	7	4
2	9	3	5	4	7	1	8	6

NO: 33

7	1	9	8	3	6	5	2	4
8	4	3	1	5	2	9	6	7
2	6	5	7	4	9	3	8	1
5	7	1	3	6	8	4	9	2
3	8	4	2	9	7	1	5	6
9	2	6	5	1	4	8	7	3
1	5	2	9	7	3	6	4	8
6	9	7	4	8	1	2	3	5
4	3	8	6	2	5	7	1	9

NO: 34

2	9	3	8	7	1	6	5	4
8	4	6	5	2	3	1	9	7
1	7	5	9	6	4	2	3	8
5	2	4	1	3	9	8	7	6
3	1	9	7	8	6	5	4	2
7	6	8	2	4	5	3	1	9
4	8	1	3	9	2	7	6	5
9	5	7	6	1	8	4	2	3
6	3	2	4	5	7	9	8	1

NO: 35

3	5	7	8	1	4	6	9	2
1	8	2	6	7	9	5	3	4
4	9	6	2	5	3	7	8	1
8	1	5	3	4	6	9	2	7
2	4	3	9	8	7	1	6	5
7	6	9	1	2	5	8	4	3
5	3	8	7	6	2	4	1	9
6	2	4	5	9	1	3	7	8
9	7	1	4	3	8	2	5	6

NO: 36

2	4	6	3	5	8	1	7	9
9	8	5	1	2	7	6	4	3
3	1	7	6	9	4	2	5	8
8	2	1	4	6	5	9	3	7
5	6	3	7	1	9	4	8	2
7	9	4	8	3	2	5	1	6
1	5	8	2	7	6	3	9	4
4	3	2	9	8	1	7	6	5
6	7	9	5	4	3	8	2	1

NO: 37

2	8	3	5	9	6	4	7	1
4	1	9	7	8	3	6	5	2
7	5	6	2	1	4	3	8	9
6	4	2	9	5	7	1	3	8
3	7	8	6	2	1	5	9	4
1	9	5	4	3	8	2	6	7
9	3	4	8	6	2	7	1	5
5	2	1	3	7	9	8	4	6
8	6	7	1	4	5	9	2	3

NO: 38

8	2	5	3	9	4	6	7	1
9	4	7	6	2	1	5	3	8
1	6	3	8	7	5	4	2	9
7	5	6	4	8	2	1	9	3
4	1	8	9	5	3	2	6	7
2	3	9	1	6	7	8	5	4
5	8	2	7	1	9	3	4	6
3	9	1	5	4	6	7	8	2
6	7	4	2	3	8	9	1	5

NO: 39

3	1	4	7	2	5	8	9	6
9	6	8	3	1	4	2	5	7
7	2	5	9	8	6	3	1	4
5	7	2	6	3	9	1	4	8
1	9	6	5	4	8	7	2	3
4	8	3	2	7	1	9	6	5
6	3	7	4	9	2	5	8	1
8	5	9	1	6	7	4	3	2
2	4	1	8	5	3	6	7	9

NO: 40

6	7	9	3	2	1	4	8	5
2	8	3	4	5	9	1	7	6
1	4	5	6	7	8	2	3	9
3	1	7	9	6	2	5	4	8
9	5	8	7	4	3	6	2	1
4	2	6	8	1	5	3	9	7
8	9	1	5	3	4	7	6	2
5	6	4	2	8	7	9	1	3
7	3	2	1	9	6	8	5	4

NO: 41

7	2	6	9	5	8	3	1	4
1	3	5	6	4	2	9	8	7
4	8	9	3	1	7	5	2	6
6	9	7	2	8	3	4	5	1
5	1	3	4	7	6	8	9	2
8	4	2	1	9	5	7	6	3
2	6	4	5	3	9	1	7	8
9	7	1	8	2	4	6	3	5
3	5	8	7	6	1	2	4	9

NO: 42

5	1	2	8	9	4	3	7	6
9	3	6	1	5	7	8	2	4
7	4	8	3	2	6	9	1	5
4	8	5	2	6	9	7	3	1
3	2	7	5	1	8	6	4	9
6	9	1	7	4	3	5	8	2
1	5	3	9	7	2	4	6	8
2	7	4	6	8	5	1	9	3
8	6	9	4	3	1	2	5	7

NO: 43

5	2	8	4	7	9	1	6	3
1	9	4	6	2	3	8	7	5
6	3	7	8	5	1	9	2	4
9	6	2	5	1	8	4	3	7
3	4	5	9	6	7	2	8	1
8	7	1	3	4	2	5	9	6
7	1	3	2	8	5	6	4	9
2	5	6	7	9	4	3	1	8
4	8	9	1	3	6	7	5	2

NO: 44

5	3	6	2	9	8	1	7	4
4	1	2	3	5	7	8	6	9
7	8	9	4	1	6	3	5	2
8	5	7	1	2	4	9	3	6
3	6	4	5	7	9	2	1	8
2	9	1	8	6	3	5	4	7
6	2	3	9	4	1	7	8	5
9	4	8	7	3	5	6	2	1
1	7	5	6	8	2	4	9	3

NO: 45

7	1	3	2	5	6	9	4	8
6	5	9	3	4	8	2	1	7
8	2	4	7	1	9	3	5	6
2	3	8	1	9	7	5	6	4
4	9	7	5	6	2	8	3	1
1	6	5	4	8	3	7	2	9
3	4	2	9	7	1	6	8	5
9	8	1	6	3	5	4	7	2
5	7	6	8	2	4	1	9	3

NO: 46

7	1	8	5	6	3	2	9	4
2	6	9	4	1	7	8	3	5
5	4	3	9	2	8	7	6	1
3	2	6	8	5	1	9	4	7
1	5	7	3	9	4	6	8	2
8	9	4	6	7	2	1	5	3
9	7	5	1	4	6	3	2	8
4	8	2	7	3	9	5	1	6
6	3	1	2	8	5	4	7	9

NO: 47

1	8	3	4	2	7	5	6	9
5	2	6	8	1	9	7	4	3
7	4	9	5	6	3	2	1	8
4	5	7	3	9	6	1	8	2
9	1	8	7	5	2	4	3	6
6	3	2	1	8	4	9	7	5
3	9	4	2	7	8	6	5	1
2	7	5	6	3	1	8	9	4
8	6	1	9	4	5	3	2	7

NO: 48

9	7	5	8	3	4	2	6	1
2	1	4	7	6	5	3	8	9
6	8	3	1	2	9	5	4	7
3	5	1	4	9	7	8	2	6
7	2	8	6	5	1	9	3	4
4	6	9	3	8	2	1	7	5
5	9	7	2	4	8	6	1	3
1	3	2	5	7	6	4	9	8
8	4	6	9	1	3	7	5	2

NO: 49

1	4	2	9	8	7	5	6	3
3	6	7	5	4	1	9	2	8
5	8	9	6	3	2	4	7	1
8	2	5	7	6	3	1	4	9
9	1	3	4	2	5	6	8	7
6	7	4	8	1	9	3	5	2
7	9	6	1	5	8	2	3	4
2	5	1	3	7	4	8	9	6
4	3	8	2	9	6	7	1	5

NO: 50

6	4	1	5	2	7	3	8	9
8	3	9	1	4	6	5	2	7
5	2	7	3	9	8	4	1	6
7	1	2	4	5	3	6	9	8
4	9	8	7	6	1	2	5	3
3	5	6	2	8	9	7	4	1
2	8	3	6	1	5	9	7	4
9	7	4	8	3	2	1	6	5
1	6	5	9	7	4	8	3	2

NO: 51

7	8	2	3	4	1	6	5	9
1	6	5	2	8	9	4	3	7
9	3	4	5	7	6	8	1	2
5	7	3	9	6	8	1	2	4
8	4	9	1	5	2	7	6	3
2	1	6	4	3	7	5	9	8
6	9	8	7	1	3	2	4	5
4	2	7	6	9	5	3	8	1
3	5	1	8	2	4	9	7	6

NO: 52

1	5	6	4	2	3	9	7	8
3	2	4	9	7	8	1	5	6
7	9	8	1	6	5	2	4	3
6	1	3	5	8	9	7	2	4
9	4	7	6	1	2	8	3	5
5	8	2	7	3	4	6	1	9
4	7	1	8	5	6	3	9	2
2	6	5	3	9	1	4	8	7
8	3	9	2	4	7	5	6	1

NO: 53

1	4	5	9	6	7	8	2	3
2	9	8	5	3	1	6	4	7
7	6	3	8	4	2	9	5	1
6	5	7	4	1	8	3	9	2
4	3	1	2	7	9	5	8	6
9	8	2	6	5	3	7	1	4
5	1	6	3	9	4	2	7	8
8	7	9	1	2	6	4	3	5
3	2	4	7	8	5	1	6	9

NO: 54

3	8	7	9	5	4	1	2	6
2	1	9	7	6	8	4	5	3
4	6	5	3	2	1	7	9	8
7	4	6	2	9	3	5	8	1
8	5	2	4	1	6	3	7	9
1	9	3	8	7	5	6	4	2
6	3	8	5	4	9	2	1	7
5	2	1	6	8	7	9	3	4
9	7	4	1	3	2	8	6	5

NO: 55

2	8	3	9	7	4	5	1	6
6	4	9	1	3	5	7	8	2
1	5	7	2	6	8	4	3	9
8	7	6	3	4	2	9	5	1
5	1	4	6	8	9	3	2	7
3	9	2	7	5	1	8	6	4
7	3	8	4	2	6	1	9	5
9	2	5	8	1	7	6	4	3
4	6	1	5	9	3	2	7	8

NO: 56

2	6	8	9	1	5	7	3	4
1	4	7	3	6	2	5	9	8
9	3	5	4	7	8	2	1	6
8	7	4	2	5	3	1	6	9
5	1	2	8	9	6	4	7	3
3	9	6	1	4	7	8	2	5
6	5	3	7	2	4	9	8	1
7	8	9	5	3	1	6	4	2
4	2	1	6	8	9	3	5	7

NO: 57

1	6	8	2	4	5	7	3	9
4	5	2	7	3	9	8	6	1
7	9	3	8	6	1	5	4	2
8	1	5	3	9	2	6	7	4
3	4	9	6	8	7	1	2	5
2	7	6	5	1	4	9	8	3
6	8	4	9	5	3	2	1	7
5	3	7	1	2	6	4	9	8
9	2	1	4	7	8	3	5	6

NO: 58

2	8	3	7	9	1	6	4	5
9	6	7	8	5	4	3	2	1
4	1	5	2	6	3	9	8	7
8	9	2	5	4	7	1	6	3
7	4	6	1	3	8	5	9	2
3	5	1	6	2	9	8	7	4
6	7	9	3	1	2	4	5	8
5	3	8	4	7	6	2	1	9
1	2	4	9	8	5	7	3	6

NO: 59

6	1	5	4	2	8	7	9	3
8	7	9	3	1	5	4	6	2
3	4	2	9	7	6	5	8	1
7	5	4	2	8	9	3	1	6
9	3	8	5	6	1	2	4	7
1	2	6	7	3	4	8	5	9
5	9	3	1	4	2	6	7	8
4	6	7	8	9	3	1	2	5
2	8	1	6	5	7	9	3	4

NO: 60

4	1	3	5	9	2	7	6	8
9	2	5	8	7	6	4	3	1
6	8	7	3	1	4	9	5	2
7	5	2	4	6	3	1	8	9
8	3	9	2	5	1	6	4	7
1	6	4	9	8	7	3	2	5
3	7	6	1	2	8	5	9	4
2	9	1	6	4	5	8	7	3
5	4	8	7	3	9	2	1	6

NO: 61

2	9	8	7	4	5	1	3	6
7	3	5	9	6	1	2	4	8
4	1	6	8	3	2	5	9	7
6	5	7	2	8	9	4	1	3
3	8	2	1	7	4	9	6	5
1	4	9	3	5	6	7	8	2
8	7	4	5	1	3	6	2	9
9	6	3	4	2	7	8	5	1
5	2	1	6	9	8	3	7	4

NO: 62

5	9	3	1	2	7	6	4	8
2	4	6	9	3	8	1	5	7
1	8	7	6	4	5	2	3	9
4	1	5	8	9	6	7	2	3
7	2	8	3	1	4	9	6	5
6	3	9	7	5	2	8	1	4
9	6	2	4	7	3	5	8	1
3	5	1	2	8	9	4	7	6
8	7	4	5	6	1	3	9	2

NO: 63

5	4	8	9	7	2	3	1	6
7	9	1	5	6	3	4	2	8
2	6	3	8	4	1	9	5	7
1	7	5	3	2	6	8	9	4
6	8	2	4	9	5	1	7	3
4	3	9	7	1	8	5	6	2
8	2	6	1	3	9	7	4	5
9	5	4	6	8	7	2	3	1
3	1	7	2	5	4	6	8	9

NO: 64

5	9	6	2	1	7	3	4	8
4	8	2	6	3	9	1	7	5
3	7	1	4	5	8	2	6	9
1	5	7	9	8	4	6	2	3
2	3	8	7	6	1	5	9	4
9	6	4	5	2	3	8	1	7
8	2	9	3	4	6	7	5	1
6	4	3	1	7	5	9	8	2
7	1	5	8	9	2	4	3	6

NO: 65

1	9	8	5	4	3	6	7	2
3	6	7	9	2	1	4	8	5
2	4	5	8	6	7	3	1	9
6	7	1	4	8	2	9	5	3
8	5	4	7	3	9	1	2	6
9	2	3	1	5	6	8	4	7
4	8	9	3	7	5	2	6	1
5	3	6	2	1	8	7	9	4
7	1	2	6	9	4	5	3	8

NO: 66

9	8	6	4	5	2	3	7	1
1	2	5	7	6	3	4	9	8
4	7	3	8	9	1	5	6	2
5	1	7	9	2	4	6	8	3
6	4	8	1	3	7	9	2	5
2	3	9	5	8	6	1	4	7
3	9	4	2	7	5	8	1	6
8	5	2	6	1	9	7	3	4
7	6	1	3	4	8	2	5	9

NO: 67

6	7	4	5	8	2	9	1	3
2	3	1	4	6	9	8	5	7
8	5	9	3	1	7	6	4	2
5	9	7	6	2	8	1	3	4
4	6	3	1	7	5	2	8	9
1	2	8	9	4	3	7	6	5
7	1	6	2	3	4	5	9	8
9	4	2	8	5	1	3	7	6
3	8	5	7	9	6	4	2	1

NO: 68

3	5	2	7	6	1	9	8	4
4	1	8	2	9	5	3	7	6
7	6	9	3	8	4	1	2	5
6	8	4	9	1	3	2	5	7
5	9	7	6	4	2	8	3	1
1	2	3	8	5	7	4	6	9
2	3	1	4	7	6	5	9	8
8	7	5	1	3	9	6	4	2
9	4	6	5	2	8	7	1	3

NO: 69

7	2	3	9	6	4	8	5	1
6	4	1	3	5	8	7	2	9
5	8	9	1	2	7	3	6	4
9	7	5	6	4	2	1	8	3
2	1	4	8	9	3	5	7	6
3	6	8	5	7	1	4	9	2
8	3	2	7	1	9	6	4	5
4	5	7	2	3	6	9	1	8
1	9	6	4	8	5	2	3	7

NO: 70

4	6	9	2	7	8	3	1	5
2	5	3	9	1	6	8	7	4
1	8	7	5	4	3	6	9	2
8	1	4	7	3	5	9	2	6
3	9	2	4	6	1	7	5	8
5	7	6	8	9	2	4	3	1
9	4	5	6	2	7	1	8	3
6	2	1	3	8	9	5	4	7
7	3	8	1	5	4	2	6	9

NO: 71

4	8	1	2	6	7	3	9	5
7	3	6	9	1	5	2	4	8
9	2	5	4	3	8	6	7	1
2	4	7	6	5	3	1	8	9
6	1	9	8	7	4	5	2	3
3	5	8	1	2	9	4	6	7
5	9	3	7	4	2	8	1	6
1	7	2	3	8	6	9	5	4
8	6	4	5	9	1	7	3	2

NO: 72

9	1	3	2	4	5	7	8	6
5	4	8	9	7	6	3	1	2
7	6	2	8	1	3	4	9	5
6	2	7	1	5	8	9	4	3
4	5	1	6	3	9	2	7	8
3	8	9	4	2	7	5	6	1
1	7	6	5	9	2	8	3	4
8	3	5	7	6	4	1	2	9
2	9	4	3	8	1	6	5	7

NO: 73

8	7	2	4	5	1	6	3	9
6	9	1	3	8	7	2	4	5
3	5	4	6	9	2	1	8	7
1	6	7	9	4	5	8	2	3
2	8	5	7	6	3	4	9	1
4	3	9	1	2	8	7	5	6
9	2	6	5	7	4	3	1	8
5	4	3	8	1	6	9	7	2
7	1	8	2	3	9	5	6	4

NO: 74

9	2	3	6	7	1	8	4	5
4	6	8	9	5	3	2	7	1
5	7	1	4	2	8	3	9	6
1	9	2	8	4	7	5	6	3
7	3	4	5	1	6	9	8	2
8	5	6	2	3	9	7	1	4
6	8	5	3	9	4	1	2	7
3	4	7	1	8	2	6	5	9
2	1	9	7	6	5	4	3	8

NO: 75

8	4	6	2	7	9	1	3	5
1	9	3	8	6	5	7	2	4
7	5	2	4	3	1	8	9	6
5	1	9	6	2	3	4	8	7
2	8	4	1	9	7	6	5	3
3	6	7	5	4	8	2	1	9
4	7	5	3	8	2	9	6	1
9	3	8	7	1	6	5	4	2
6	2	1	9	5	4	3	7	8

NO: 76

8	5	6	9	1	2	4	3	7
2	9	3	6	7	4	5	1	8
7	1	4	3	5	8	2	6	9
6	7	8	4	3	5	9	2	1
9	4	1	2	6	7	8	5	3
5	3	2	8	9	1	6	7	4
4	8	7	1	2	6	3	9	5
1	2	9	5	4	3	7	8	6
3	6	5	7	8	9	1	4	2

NO: 77

3	4	9	5	6	8	1	2	7
6	5	8	2	7	1	3	9	4
7	2	1	4	3	9	6	5	8
5	9	3	1	8	7	2	4	6
4	1	7	6	5	2	9	8	3
2	8	6	9	4	3	5	7	1
9	3	2	7	1	4	8	6	5
8	7	5	3	2	6	4	1	9
1	6	4	8	9	5	7	3	2

NO: 78

9	3	5	1	7	2	4	8	6
1	8	6	4	9	5	2	7	3
2	4	7	8	6	3	5	1	9
4	9	3	5	1	7	8	6	2
8	5	1	2	4	6	3	9	7
7	6	2	3	8	9	1	4	5
3	1	9	6	2	4	7	5	8
6	2	8	7	5	1	9	3	4
5	7	4	9	3	8	6	2	1

NO: 79

9	4	2	3	7	5	8	6	1
6	7	1	9	4	8	5	2	3
5	8	3	2	1	6	7	4	9
1	3	5	8	2	4	6	9	7
8	2	7	6	9	3	4	1	5
4	6	9	7	5	1	2	3	8
7	5	6	4	3	9	1	8	2
3	1	8	5	6	2	9	7	4
2	9	4	1	8	7	3	5	6

NO: 80

2	1	8	3	5	7	4	6	9
9	6	7	4	2	1	8	3	5
4	5	3	6	8	9	2	7	1
6	7	4	5	3	8	1	9	2
5	3	1	2	9	6	7	8	4
8	2	9	1	7	4	6	5	3
3	8	5	7	4	2	9	1	6
7	4	6	9	1	5	3	2	8
1	9	2	8	6	3	5	4	7

NO: 81

4	2	9	5	6	8	7	1	3
1	5	8	4	7	3	9	2	6
7	3	6	9	2	1	8	4	5
3	8	2	1	5	7	4	6	9
5	9	1	3	4	6	2	7	8
6	4	7	8	9	2	5	3	1
2	7	5	6	3	9	1	8	4
8	6	4	7	1	5	3	9	2
9	1	3	2	8	4	6	5	7

NO: 82

5	3	4	7	8	9	2	1	6
8	7	1	6	4	2	5	9	3
9	2	6	1	3	5	8	7	4
7	9	2	5	6	3	1	4	8
4	1	3	9	2	8	7	6	5
6	5	8	4	1	7	9	3	2
2	4	7	8	9	6	3	5	1
3	6	5	2	7	1	4	8	9
1	8	9	3	5	4	6	2	7

NO: 83

1	8	5	4	2	6	3	7	9
2	9	7	5	3	1	8	4	6
3	6	4	7	8	9	1	2	5
8	4	2	1	6	7	5	9	3
7	5	6	9	4	3	2	1	8
9	3	1	8	5	2	7	6	4
6	7	3	2	9	5	4	8	1
5	1	8	6	7	4	9	3	2
4	2	9	3	1	8	6	5	7

NO: 84

3	6	7	5	4	9	1	2	8
9	1	8	7	3	2	4	6	5
5	2	4	1	6	8	7	3	9
1	3	5	8	7	6	2	9	4
2	8	6	4	9	3	5	7	1
7	4	9	2	5	1	6	8	3
6	9	2	3	1	4	8	5	7
8	7	1	9	2	5	3	4	6
4	5	3	6	8	7	9	1	2

NO: 85

4	7	1	3	2	6	8	9	5
3	8	9	5	4	1	7	6	2
6	5	2	8	7	9	4	3	1
9	6	7	2	1	4	5	8	3
5	4	8	9	6	3	1	2	7
2	1	3	7	5	8	9	4	6
7	3	5	4	9	2	6	1	8
8	9	6	1	3	7	2	5	4
1	2	4	6	8	5	3	7	9

NO: 86

1	6	7	9	3	8	2	4	5
8	5	2	6	7	4	9	3	1
4	3	9	1	2	5	8	6	7
9	8	6	7	5	2	4	1	3
7	2	3	4	6	1	5	9	8
5	1	4	8	9	3	7	2	6
6	4	1	2	8	7	3	5	9
2	7	5	3	1	9	6	8	4
3	9	8	5	4	6	1	7	2

NO: 87

1	8	2	5	9	3	6	4	7
9	6	4	2	7	8	1	5	3
7	5	3	4	6	1	8	2	9
8	3	9	1	4	5	2	7	6
6	7	5	8	2	9	3	1	4
4	2	1	7	3	6	9	8	5
5	9	7	6	8	2	4	3	1
2	1	6	3	5	4	7	9	8
3	4	8	9	1	7	5	6	2

NO: 88

6	9	3	4	7	2	5	8	1
4	5	8	3	9	1	6	2	7
7	1	2	5	6	8	3	4	9
3	8	6	1	2	4	7	9	5
1	4	7	9	5	6	2	3	8
5	2	9	7	8	3	4	1	6
9	3	4	6	1	7	8	5	2
8	7	1	2	4	5	9	6	3
2	6	5	8	3	9	1	7	4

NO: 89

1	9	2	3	8	6	5	4	7
3	8	5	7	2	4	1	9	6
7	6	4	9	5	1	2	3	8
6	2	1	4	7	5	3	8	9
9	7	8	1	6	3	4	2	5
4	5	3	8	9	2	6	7	1
2	1	7	6	3	8	9	5	4
5	4	9	2	1	7	8	6	3
8	3	6	5	4	9	7	1	2

NO: 90

5	8	9	3	6	1	4	7	2
4	2	7	8	9	5	1	3	6
1	3	6	7	4	2	9	8	5
2	6	4	9	8	7	3	5	1
3	9	5	1	2	4	7	6	8
8	7	1	6	5	3	2	9	4
6	1	8	4	7	9	5	2	3
7	4	2	5	3	6	8	1	9
9	5	3	2	1	8	6	4	7

NO: 91

5	1	8	4	2	9	6	3	7
2	4	7	6	8	3	1	9	5
6	9	3	7	5	1	2	4	8
4	8	2	5	1	6	9	7	3
3	7	5	2	9	4	8	1	6
9	6	1	8	3	7	5	2	4
1	5	6	3	7	2	4	8	9
8	3	9	1	4	5	7	6	2
7	2	4	9	6	8	3	5	1

NO: 92

3	9	5	2	6	4	8	1	7
1	4	8	7	3	5	2	9	6
6	7	2	9	1	8	3	5	4
9	8	7	3	4	2	1	6	5
2	3	6	1	5	7	9	4	8
5	1	4	6	8	9	7	2	3
7	5	1	8	9	6	4	3	2
8	6	9	4	2	3	5	7	1
4	2	3	5	7	1	6	8	9

NO: 93

7	2	5	4	9	8	3	1	6
6	1	4	3	7	2	8	9	5
9	3	8	6	1	5	4	7	2
4	9	2	7	6	3	1	5	8
8	7	1	5	2	4	9	6	3
3	5	6	1	8	9	2	4	7
5	8	3	9	4	6	7	2	1
1	6	9	2	3	7	5	8	4
2	4	7	8	5	1	6	3	9

NO: 94

2	1	4	7	9	5	3	6	8
3	5	6	8	2	4	1	7	9
7	9	8	1	6	3	2	4	5
6	2	3	9	4	7	5	8	1
9	7	1	5	8	6	4	2	3
8	4	5	3	1	2	7	9	6
5	3	9	2	7	8	6	1	4
1	6	2	4	3	9	8	5	7
4	8	7	6	5	1	9	3	2

NO: 95

8	1	6	3	9	2	7	4	5
9	7	5	8	4	6	2	1	3
4	3	2	1	7	5	8	9	6
7	4	1	9	6	8	3	5	2
6	5	3	4	2	1	9	8	7
2	9	8	7	5	3	1	6	4
1	6	9	5	3	7	4	2	8
3	2	4	6	8	9	5	7	1
5	8	7	2	1	4	6	3	9

NO: 96

3	5	9	1	7	2	4	8	6
4	1	8	5	3	6	7	2	9
7	6	2	9	4	8	3	1	5
8	3	7	4	9	1	5	6	2
1	4	5	2	6	7	8	9	3
2	9	6	8	5	3	1	4	7
9	7	3	6	8	4	2	5	1
5	8	1	7	2	9	6	3	4
6	2	4	3	1	5	9	7	8

NO: 97

7	4	6	8	9	2	3	1	5
9	1	3	5	6	7	2	4	8
8	5	2	4	1	3	9	6	7
6	9	4	7	8	5	1	2	3
3	7	1	2	4	9	8	5	6
2	8	5	6	3	1	4	7	9
1	2	7	3	5	8	6	9	4
5	6	8	9	2	4	7	3	1
4	3	9	1	7	6	5	8	2

NO: 98

7	3	5	6	4	2	1	8	9
8	4	1	9	7	3	2	6	5
9	2	6	1	8	5	3	7	4
1	8	9	7	3	6	4	5	2
3	5	7	2	1	4	8	9	6
4	6	2	8	5	9	7	1	3
5	1	3	4	9	7	6	2	8
6	7	4	5	2	8	9	3	1
2	9	8	3	6	1	5	4	7

NO: 99

2	7	5	4	3	8	6	1	9
3	9	1	5	7	6	4	2	8
8	4	6	2	9	1	5	7	3
6	5	8	3	2	9	1	4	7
7	3	2	1	8	4	9	5	6
9	1	4	6	5	7	3	8	2
4	6	3	7	1	2	8	9	5
1	2	9	8	6	5	7	3	4
5	8	7	9	4	3	2	6	1

NO: 100

6	5	1	2	9	7	4	3	8
4	3	7	8	1	6	5	2	9
9	2	8	4	3	5	1	6	7
8	1	2	6	4	3	7	9	5
3	9	5	7	8	2	6	4	1
7	4	6	1	5	9	3	8	2
2	6	9	3	7	1	8	5	4
1	8	3	5	2	4	9	7	6
5	7	4	9	6	8	2	1	3

NO: 101

8	5	1	4	9	3	2	7	6
7	4	3	6	2	8	5	1	9
2	9	6	5	1	7	3	4	8
9	8	5	2	3	4	7	6	1
3	6	4	8	7	1	9	2	5
1	7	2	9	5	6	4	8	3
6	2	8	3	4	5	1	9	7
5	1	9	7	6	2	8	3	4
4	3	7	1	8	9	6	5	2

NO: 102

8	2	6	1	4	5	7	9	3
4	3	9	7	6	8	1	5	2
7	5	1	9	3	2	8	4	6
9	7	8	4	1	3	2	6	5
2	4	3	6	5	7	9	8	1
1	6	5	8	2	9	4	3	7
6	8	7	3	9	1	5	2	4
5	9	4	2	7	6	3	1	8
3	1	2	5	8	4	6	7	9

NO: 103

8	3	9	2	4	1	6	7	5
1	4	6	9	7	5	8	3	2
5	7	2	3	8	6	4	9	1
7	2	8	5	9	3	1	6	4
4	1	3	6	2	7	9	5	8
6	9	5	4	1	8	7	2	3
2	8	1	7	5	9	3	4	6
9	6	4	1	3	2	5	8	7
3	5	7	8	6	4	2	1	9

NO: 104

3	1	6	5	4	9	7	8	2
9	2	7	8	6	1	4	5	3
4	5	8	3	7	2	1	6	9
1	6	9	2	5	4	8	3	7
7	4	5	6	8	3	9	2	1
2	8	3	1	9	7	5	4	6
6	7	4	9	3	5	2	1	8
8	9	1	4	2	6	3	7	5
5	3	2	7	1	8	6	9	4

NO: 105

9	4	5	8	7	2	3	6	1
1	7	6	5	9	3	2	8	4
8	2	3	6	1	4	5	7	9
5	3	2	1	4	8	6	9	7
6	9	8	7	3	5	1	4	2
7	1	4	9	2	6	8	5	3
3	5	9	2	6	7	4	1	8
2	8	7	4	5	1	9	3	6
4	6	1	3	8	9	7	2	5

NO: 106

9	3	8	5	7	4	2	6	1
7	4	1	3	6	2	8	9	5
5	6	2	8	1	9	4	3	7
2	8	4	6	5	7	3	1	9
1	5	3	4	9	8	7	2	6
6	9	7	1	2	3	5	8	4
3	7	6	9	8	5	1	4	2
4	2	9	7	3	1	6	5	8
8	1	5	2	4	6	9	7	3

NO: 107

6	7	1	2	8	5	4	3	9
4	2	8	9	3	7	5	1	6
3	9	5	6	1	4	2	7	8
1	6	7	4	9	8	3	2	5
2	8	4	3	5	1	9	6	7
5	3	9	7	6	2	1	8	4
8	1	6	5	4	3	7	9	2
7	4	3	8	2	9	6	5	1
9	5	2	1	7	6	8	4	3

NO: 108

9	4	5	1	7	8	6	2	3
1	8	3	4	2	6	7	9	5
7	2	6	5	3	9	8	1	4
6	7	4	9	8	2	5	3	1
2	1	8	7	5	3	9	4	6
3	5	9	6	4	1	2	7	8
4	9	2	8	1	5	3	6	7
8	6	7	3	9	4	1	5	2
5	3	1	2	6	7	4	8	9

NO: 109

5	4	7	1	9	6	8	3	2
3	8	9	7	2	4	5	1	6
6	2	1	8	5	3	4	7	9
4	5	2	9	3	1	6	8	7
1	7	3	4	6	8	2	9	5
8	9	6	5	7	2	3	4	1
7	3	5	2	4	9	1	6	8
9	1	4	6	8	5	7	2	3
2	6	8	3	1	7	9	5	4

NO: 110

8	3	2	6	5	1	4	9	7
9	7	5	8	2	4	6	3	1
6	4	1	7	3	9	5	2	8
1	8	9	5	6	3	2	7	4
7	6	4	1	9	2	3	8	5
2	5	3	4	7	8	9	1	6
3	1	7	9	4	6	8	5	2
5	9	6	2	8	7	1	4	3
4	2	8	3	1	5	7	6	9

NO: 111

3	8	5	1	4	9	6	7	2
4	9	1	7	2	6	5	8	3
2	7	6	8	5	3	9	1	4
8	2	9	3	7	5	4	6	1
6	1	4	2	9	8	3	5	7
7	5	3	4	6	1	2	9	8
1	6	2	5	8	4	7	3	9
9	3	7	6	1	2	8	4	5
5	4	8	9	3	7	1	2	6

NO: 112

6	5	9	1	2	7	4	8	3
1	2	4	3	8	5	9	6	7
7	3	8	6	4	9	1	2	5
8	4	2	9	6	3	5	7	1
3	1	5	4	7	8	2	9	6
9	6	7	5	1	2	3	4	8
2	9	1	8	5	6	7	3	4
4	8	3	7	9	1	6	5	2
5	7	6	2	3	4	8	1	9

NO: 113

7	5	9	2	6	1	8	4	3
4	8	1	7	9	3	5	6	2
3	6	2	5	8	4	9	7	1
5	9	7	3	2	8	4	1	6
1	3	4	9	5	6	7	2	8
6	2	8	4	1	7	3	9	5
9	7	5	1	3	2	6	8	4
2	4	6	8	7	5	1	3	9
8	1	3	6	4	9	2	5	7

NO: 114

6	4	1	5	2	7	8	9	3
7	3	5	1	8	9	6	2	4
9	2	8	6	3	4	5	7	1
5	7	6	9	4	8	1	3	2
4	1	9	2	6	3	7	5	8
2	8	3	7	5	1	4	6	9
8	5	4	3	9	6	2	1	7
1	9	2	8	7	5	3	4	6
3	6	7	4	1	2	9	8	5

NO: 115

2	7	9	4	6	8	1	3	5
4	1	8	3	9	5	7	6	2
6	5	3	7	1	2	8	4	9
8	2	6	5	4	9	3	7	1
7	3	5	1	2	6	4	9	8
1	9	4	8	3	7	2	5	6
9	4	2	6	8	3	5	1	7
5	8	1	9	7	4	6	2	3
3	6	7	2	5	1	9	8	4

NO: 116

1	4	2	8	9	5	7	3	6
8	6	7	1	2	3	5	4	9
3	5	9	6	7	4	1	2	8
5	7	8	2	3	6	4	9	1
9	2	4	5	8	1	3	6	7
6	3	1	9	4	7	2	8	5
7	9	5	3	6	2	8	1	4
2	1	6	4	5	8	9	7	3
4	8	3	7	1	9	6	5	2

NO: 117

8	7	9	6	1	4	3	2	5
6	4	1	3	5	2	8	9	7
5	2	3	9	7	8	1	4	6
1	9	5	2	6	7	4	8	3
3	6	4	1	8	5	9	7	2
7	8	2	4	3	9	5	6	1
9	5	7	8	2	1	6	3	4
2	3	8	5	4	6	7	1	9
4	1	6	7	9	3	2	5	8

NO: 118

2	1	8	3	6	5	4	7	9
9	6	3	4	2	7	8	5	1
5	4	7	8	9	1	6	2	3
7	2	4	6	8	9	1	3	5
8	9	6	5	1	3	2	4	7
3	5	1	7	4	2	9	6	8
1	3	2	9	5	6	7	8	4
4	7	9	2	3	8	5	1	6
6	8	5	1	7	4	3	9	2

NO: 119

3	7	6	5	2	9	1	8	4
2	1	5	8	4	3	9	6	7
4	8	9	7	6	1	5	3	2
7	5	2	9	1	8	3	4	6
6	9	8	2	3	4	7	1	5
1	3	4	6	5	7	8	2	9
9	2	1	4	8	5	6	7	3
5	6	3	1	7	2	4	9	8
8	4	7	3	9	6	2	5	1

NO: 120

8	3	9	5	1	2	6	7	4
7	6	2	3	8	4	5	9	1
1	4	5	6	7	9	8	3	2
2	5	6	7	9	3	4	1	8
9	1	3	4	5	8	2	6	7
4	8	7	2	6	1	3	5	9
5	9	8	1	4	6	7	2	3
3	7	4	9	2	5	1	8	6
6	2	1	8	3	7	9	4	5

NO: 121

7	9	6	4	1	8	5	2	3
5	2	1	7	3	6	4	8	9
8	4	3	9	2	5	1	6	7
1	8	7	2	6	9	3	4	5
9	6	5	8	4	3	2	7	1
4	3	2	1	5	7	6	9	8
2	7	4	5	8	1	9	3	6
6	5	8	3	9	4	7	1	2
3	1	9	6	7	2	8	5	4

NO: 122

3	9	2	7	1	4	5	6	8
5	4	7	3	8	6	9	1	2
1	8	6	5	9	2	4	3	7
2	5	4	6	3	8	7	9	1
9	1	8	2	7	5	3	4	6
6	7	3	1	4	9	2	8	5
7	3	5	9	6	1	8	2	4
8	2	1	4	5	3	6	7	9
4	6	9	8	2	7	1	5	3

NO: 123

5	6	8	7	2	4	9	1	3
2	9	4	6	3	1	5	8	7
1	3	7	5	9	8	2	4	6
7	5	1	2	8	3	4	6	9
4	8	6	9	1	7	3	2	5
3	2	9	4	6	5	1	7	8
6	7	3	1	5	2	8	9	4
9	1	5	8	4	6	7	3	2
8	4	2	3	7	9	6	5	1

NO: 124

5	7	8	4	3	2	6	1	9
1	2	9	8	6	7	4	5	3
3	6	4	5	1	9	8	2	7
7	8	1	9	4	3	2	6	5
9	4	5	2	8	6	7	3	1
6	3	2	7	5	1	9	8	4
2	1	6	3	7	4	5	9	8
8	9	7	1	2	5	3	4	6
4	5	3	6	9	8	1	7	2

趣味数独 Ⅲ

NO: 125

2	7	1	9	8	5	4	6	3
8	9	4	7	6	3	5	2	1
3	6	5	1	4	2	8	7	9
1	3	9	5	7	8	2	4	6
7	8	6	2	3	4	1	9	5
5	4	2	6	1	9	3	8	7
4	5	7	3	2	6	9	1	8
6	2	3	8	9	1	7	5	4
9	1	8	4	5	7	6	3	2

NO: 126

6	9	8	5	4	7	3	1	2
7	2	4	3	9	1	5	6	8
5	1	3	8	6	2	9	7	4
2	5	9	6	7	8	4	3	1
4	6	1	2	3	5	8	9	7
8	3	7	9	1	4	2	5	6
9	4	2	1	5	6	7	8	3
3	7	6	4	8	9	1	2	5
1	8	5	7	2	3	6	4	9

NO: 127

7	2	9	4	8	1	3	5	6
8	1	6	7	5	3	2	4	9
5	3	4	2	9	6	7	1	8
4	6	7	1	3	2	8	9	5
3	8	1	9	6	5	4	2	7
9	5	2	8	7	4	1	6	3
2	7	8	6	1	9	5	3	4
1	9	3	5	4	8	6	7	2
6	4	5	3	2	7	9	8	1

NO: 128

3	6	5	9	7	2	4	1	8
2	9	7	8	1	4	5	3	6
8	4	1	5	6	3	9	7	2
5	1	8	6	3	9	7	2	4
9	2	4	7	5	8	3	6	1
7	3	6	2	4	1	8	9	5
1	8	9	4	2	7	6	5	3
4	5	2	3	9	6	1	8	7
6	7	3	1	8	5	2	4	9

NO: 129

5	6	1	7	3	8	2	9	4
4	2	3	9	5	1	7	8	6
7	8	9	4	6	2	3	5	1
9	7	4	2	8	3	6	1	5
6	3	2	1	9	5	8	4	7
1	5	8	6	4	7	9	3	2
2	4	6	8	1	9	5	7	3
3	9	7	5	2	4	1	6	8
8	1	5	3	7	6	4	2	9

NO: 130

8	5	6	7	3	2	4	9	1
4	3	2	8	1	9	7	6	5
1	9	7	6	5	4	3	2	8
3	8	4	5	9	1	6	7	2
7	1	5	2	6	3	9	8	4
6	2	9	4	8	7	1	5	3
2	4	1	9	7	5	8	3	6
5	7	8	3	4	6	2	1	9
9	6	3	1	2	8	5	4	7

NO: 131

9	5	6	3	7	2	1	8	4
4	2	8	5	6	1	3	9	7
3	7	1	9	4	8	2	6	5
6	1	4	2	8	5	7	3	9
8	3	7	4	1	9	5	2	6
2	9	5	6	3	7	8	4	1
7	4	9	8	5	3	6	1	2
1	8	2	7	9	6	4	5	3
5	6	3	1	2	4	9	7	8

NO: 132

1	2	8	5	3	7	9	6	4
9	7	4	1	2	6	5	8	3
5	3	6	9	4	8	1	2	7
3	9	5	4	7	2	6	1	8
6	4	2	3	8	1	7	9	5
8	1	7	6	5	9	3	4	2
2	6	3	7	9	4	8	5	1
4	5	9	8	1	3	2	7	6
7	8	1	2	6	5	4	3	9

NO: 133

5	8	7	2	3	4	6	1	9
4	6	9	8	5	1	7	2	3
2	3	1	7	9	6	5	8	4
9	1	4	6	8	2	3	7	5
7	5	3	1	4	9	2	6	8
6	2	8	5	7	3	4	9	1
8	7	2	4	1	5	9	3	6
1	9	5	3	6	7	8	4	2
3	4	6	9	2	8	1	5	7

NO: 134

5	1	2	6	8	7	9	3	4
6	4	3	2	9	5	7	8	1
7	9	8	1	3	4	5	2	6
3	2	1	9	5	8	6	4	7
8	7	9	4	1	6	3	5	2
4	6	5	7	2	3	8	1	9
2	5	4	3	6	9	1	7	8
9	3	7	8	4	1	2	6	5
1	8	6	5	7	2	4	9	3

NO: 135

5	9	1	3	4	8	7	6	2
7	3	6	5	2	1	9	4	8
4	2	8	7	6	9	5	3	1
2	8	7	4	3	6	1	9	5
6	4	9	1	8	5	2	7	3
3	1	5	9	7	2	6	8	4
1	6	4	8	5	7	3	2	9
8	5	2	6	9	3	4	1	7
9	7	3	2	1	4	8	5	6

NO: 136

7	2	1	8	9	5	4	6	3
6	5	8	3	4	7	9	1	2
9	3	4	1	2	6	7	8	5
1	6	3	5	7	2	8	9	4
2	8	7	4	3	9	6	5	1
5	4	9	6	1	8	3	2	7
3	7	5	9	6	1	2	4	8
8	9	2	7	5	4	1	3	6
4	1	6	2	8	3	5	7	9

NO: 137

9	7	3	2	1	5	6	4	8
2	1	8	4	6	3	7	9	5
6	4	5	8	9	7	1	3	2
4	8	9	5	2	1	3	6	7
1	5	2	3	7	6	4	8	9
7	3	6	9	8	4	5	2	1
3	2	1	6	5	9	8	7	4
8	6	7	1	4	2	9	5	3
5	9	4	7	3	8	2	1	6

NO: 138

6	7	5	3	8	1	2	9	4
2	4	1	9	5	7	6	8	3
3	9	8	2	4	6	1	5	7
8	2	7	5	6	3	9	4	1
5	6	4	1	9	8	3	7	2
1	3	9	4	7	2	8	6	5
7	1	6	8	3	4	5	2	9
9	8	3	7	2	5	4	1	6
4	5	2	6	1	9	7	3	8

NO: 139

4	8	2	1	9	5	6	3	7
3	6	9	8	4	7	5	1	2
1	7	5	3	6	2	4	9	8
9	1	7	6	2	8	3	5	4
5	4	6	7	3	9	8	2	1
8	2	3	5	1	4	7	6	9
7	9	8	2	5	3	1	4	6
6	5	4	9	7	1	2	8	3
2	3	1	4	8	6	9	7	5

NO: 140

3	7	8	6	2	9	5	1	4
1	6	2	4	8	5	3	9	7
4	5	9	1	7	3	6	8	2
6	1	7	5	3	8	2	4	9
9	8	5	7	4	2	1	6	3
2	4	3	9	6	1	7	5	8
5	3	4	2	9	6	8	7	1
8	9	1	3	5	7	4	2	6
7	2	6	8	1	4	9	3	5

NO: 141

1	3	6	2	5	9	8	7	4
2	7	9	3	8	4	1	5	6
5	4	8	6	7	1	3	9	2
3	9	1	7	4	6	5	2	8
8	2	7	1	9	5	4	6	3
6	5	4	8	2	3	7	1	9
7	8	3	5	6	2	9	4	1
9	1	2	4	3	7	6	8	5
4	6	5	9	1	8	2	3	7

NO: 142

8	1	6	7	2	5	9	4	3
5	7	3	6	9	4	1	2	8
4	9	2	1	8	3	6	5	7
1	2	9	4	7	6	8	3	5
3	8	5	9	1	2	7	6	4
7	6	4	3	5	8	2	1	9
9	3	1	2	4	7	5	8	6
2	4	8	5	6	9	3	7	1
6	5	7	8	3	1	4	9	2

NO: 143

8	3	1	9	7	5	4	2	6
7	2	5	4	6	1	3	9	8
6	4	9	2	8	3	5	7	1
5	9	2	1	4	6	8	3	7
3	1	7	8	9	2	6	5	4
4	8	6	5	3	7	9	1	2
2	6	4	7	5	9	1	8	3
9	7	8	3	1	4	2	6	5
1	5	3	6	2	8	7	4	9

NO: 144

6	9	3	8	2	1	4	7	5
8	5	7	4	9	3	2	1	6
1	2	4	6	5	7	3	9	8
3	6	8	5	4	9	1	2	7
4	7	2	1	6	8	9	5	3
9	1	5	7	3	2	6	8	4
7	4	1	2	8	6	5	3	9
2	3	6	9	7	5	8	4	1
5	8	9	3	1	4	7	6	2

NO: 145

6	8	7	9	4	3	2	5	1
5	3	4	2	1	7	8	6	9
2	1	9	6	8	5	4	7	3
1	6	3	4	5	8	9	2	7
4	9	5	1	7	2	6	3	8
8	7	2	3	6	9	5	1	4
3	5	6	7	9	4	1	8	2
9	2	8	5	3	1	7	4	6
7	4	1	8	2	6	3	9	5

NO: 146

1	2	4	7	8	9	3	5	6
5	7	8	6	4	3	1	9	2
3	9	6	1	5	2	8	4	7
4	8	2	5	3	7	9	6	1
6	5	3	4	9	1	2	7	8
9	1	7	2	6	8	4	3	5
8	6	5	9	1	4	7	2	3
2	3	9	8	7	5	6	1	4
7	4	1	3	2	6	5	8	9

NO: 147

7	5	1	6	8	4	9	3	2
8	9	4	3	1	2	6	7	5
3	2	6	9	5	7	8	1	4
4	6	9	2	7	1	3	5	8
5	3	7	8	6	9	4	2	1
1	8	2	5	4	3	7	6	9
6	4	8	7	2	5	1	9	3
9	1	5	4	3	6	2	8	7
2	7	3	1	9	8	5	4	6

NO: 148

3	5	8	1	6	9	7	4	2
1	4	6	2	5	7	3	9	8
2	7	9	8	4	3	6	1	5
6	8	1	3	2	5	4	7	9
5	9	7	6	1	4	8	2	3
4	2	3	9	7	8	5	6	1
7	3	2	4	8	1	9	5	6
9	1	5	7	3	6	2	8	4
8	6	4	5	9	2	1	3	7

NO: 149

9	3	7	6	2	5	8	4	1
5	1	8	9	4	3	6	2	7
6	2	4	7	1	8	5	9	3
7	5	1	4	3	2	9	6	8
2	4	9	1	8	6	7	3	5
8	6	3	5	9	7	4	1	2
1	7	6	2	5	9	3	8	4
3	9	2	8	7	4	1	5	6
4	8	5	3	6	1	2	7	9

NO: 150

2	7	4	8	6	1	9	5	3
1	9	8	3	7	5	4	6	2
5	6	3	2	9	4	8	7	1
6	3	7	9	4	2	1	8	5
8	5	9	7	1	6	3	2	4
4	1	2	5	3	8	6	9	7
7	8	6	4	2	3	5	1	9
3	2	1	6	5	9	7	4	8
9	4	5	1	8	7	2	3	6

NO: 151

5	6	3	8	4	2	1	7	9
1	9	7	6	5	3	8	4	2
8	4	2	1	9	7	3	6	5
6	8	1	2	7	9	4	5	3
3	2	4	5	6	8	7	9	1
9	7	5	4	3	1	2	8	6
7	1	6	9	2	4	5	3	8
2	3	9	7	8	5	6	1	4
4	5	8	3	1	6	9	2	7

NO: 152

3	6	4	2	5	7	9	1	8
7	8	2	1	3	9	4	5	6
1	5	9	6	8	4	7	2	3
4	7	6	5	9	1	8	3	2
2	9	1	3	6	8	5	7	4
5	3	8	7	4	2	6	9	1
8	4	7	9	2	3	1	6	5
9	2	5	8	1	6	3	4	7
6	1	3	4	7	5	2	8	9

NO: 153

2	4	9	7	3	5	6	1	8
6	1	5	8	2	9	7	3	4
8	3	7	1	4	6	2	9	5
1	5	8	2	7	4	9	6	3
3	7	6	9	5	8	1	4	2
4	9	2	6	1	3	8	5	7
5	8	1	3	9	2	4	7	6
7	2	4	5	6	1	3	8	9
9	6	3	4	8	7	5	2	1

NO: 154

6	3	4	7	2	5	9	8	1
5	8	7	1	4	9	3	6	2
2	9	1	3	6	8	5	4	7
7	2	6	4	5	1	8	9	3
1	5	3	9	8	7	4	2	6
8	4	9	2	3	6	1	7	5
4	1	2	6	9	3	7	5	8
3	6	5	8	7	4	2	1	9
9	7	8	5	1	2	6	3	4

NO: 155

3	1	5	9	7	6	4	2	8
2	6	7	3	8	4	1	9	5
9	4	8	1	5	2	7	6	3
6	7	3	5	9	8	2	4	1
8	5	4	2	6	1	3	7	9
1	9	2	4	3	7	5	8	6
4	8	1	6	2	5	9	3	7
5	3	6	7	4	9	8	1	2
7	2	9	8	1	3	6	5	4

NO: 156

1	4	9	6	7	8	3	5	2
5	3	8	1	2	9	4	6	7
2	7	6	4	3	5	1	9	8
9	1	2	8	5	6	7	4	3
7	6	3	2	9	4	5	8	1
4	8	5	3	1	7	9	2	6
6	9	7	5	8	1	2	3	4
8	2	1	9	4	3	6	7	5
3	5	4	7	6	2	8	1	9

趣味数独

主编　王婧雯

越玩越聪明的数字游戏

进入数独的世界　发现数字之美
打开数学的视野　体验思考的乐趣

高级

学校：________________

班级：________________

姓名：________________

河南大学出版社
HENAN UNIVERSITY PRESS
·郑州·

图书在版编目（CIP）数据

趣味数独 / 王婧雯主编 . -- 郑州 : 河南大学出版社, 2021.9
　ISBN 978-7-5649-4875-7

Ⅰ . ①趣… Ⅱ . ①王… Ⅲ . ①智力游戏 – 青少年读物 Ⅳ . ①G898.2

中国版本图书馆CIP数据核字(2021)第200683号

趣味数独
QUWEI SHUDU

责任编辑　　王丽芳
责任校对　　仝一帆
封面设计　　荣恒设计部
版式设计　　荣恒排版部

出版发行　河南大学出版社
　　　　　地址：郑州市郑东新区商务外环中华大厦2401号　邮编:450046
　　　　　电话：0371-86059752（自然科学与外语部）
　　　　　　　　0371-86059701（营销部）
　　　　　网址：hupress.henu.edu.cn

印　刷	河南省诚和印制有限公司	印　次	2021年9月第1次印刷
版　次	2021年9月第1版	印　张	16
开　本	890 mm × 1240 mm 1/16		
字　数	160千	定　价	100.00元（全四册）

（本书如有印装质量问题，请与河南大学出版社营销部联系调换。）

目录

第一章	九宫数独元素……………01
第二章	九宫数独规则及解题方法…03
第三章	九宫数独经典例题解析……09
第四章	九宫数独练习题…………13
答　案………………51

第一章

九宫数独元素

数独的元素指数独中最基本概念的名称和含义。在做数独题之前我们需要先了解一下行、列、宫的概念和位置名称，掌握这些名词有利于我们后续的沟通和理解。我们先来看一下九宫数独的元素示意图。

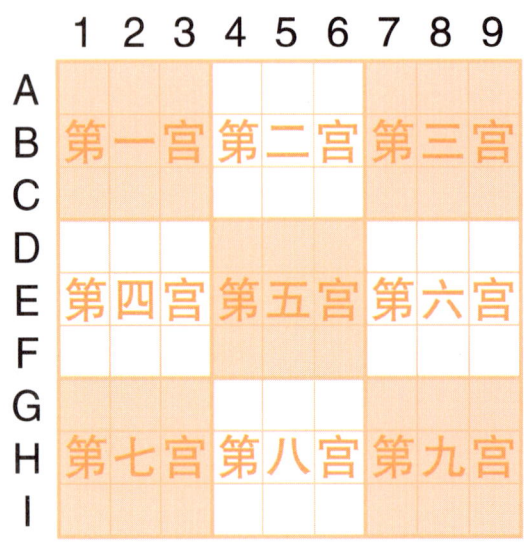

九宫数独元素示意图

单元格： 数独盘面中最小的单位，即一个格子，通常简称为"格"，每个格内只有一个确定的数字。

行： 数独盘面中水平方向9个单元格组成的区域总称，从上到下依次为A行、B行、C行、D行、E行、F行、G行、H行、I行，用英文字母表示。

列： 数独盘面中垂直方向9个单元格组成的区域总称，从左到右依次为1列、2列、3列、4列、5列、6列、7列、8列、9列，用数字表示。

宫： 数独盘面中粗线围成的3×3单元格组成的区域总称，从左到右、从上到下依次为第一宫、第二宫、第三宫、第四宫、第五宫、第六宫、第七宫、第八宫、第九宫。

已知数： 数独题目给定的数字。

单元格（格）坐标标示方法： 根据上述所标示的行和列的名称组合得出每个格子位置的坐标名称，如E行第五列，我们称之为"E5"格。

第二章

九宫数独规则及解题方法

九宫数独规则： 在空白格内填入数字1—9，使得每行、每列、每宫内数字均不重复。

例题　　　　　　　　　　　　　　　　答案

唯一数法： 当数独盘面中行、列、宫中只剩一个空格时，通过数数找出没有出现的数字并将其填入空格的方法（图2-1）。

图2-1　　　　　　　　　　　　　　　图2-2

根据九宫数独的规则，每行内的数字不能重复，观察D行，通过点算，发现1—9中只剩下数字9没有出现，即D7=9；同样观察第6列，通过点算，发现1—9中只有数字5没有出现，即G6=5；再看第五宫，剩下数字2没有出现，即E4=2。

唯一数法是最直观、最基础的方法，通过点数就能发现。虽然简单，但也是很重要的方法，特别是在竞速的数独比赛中，能够快速发现唯一数也是获胜的关键之一。

宫排除法： 以宫为目标，通过某一数字对某个宫进行排除，使得这个宫内只有一个格子可以填入该数字的方法。通常从相同数字多的数字开始，对没有这个数字的宫进行排除。宫排除法是数独最常用的基本解题方法之一。

（1）观察图2-2中的第一宫，由于D2=8，对第一宫进行排除。根据规则，同在第2列的A2、B2、C2三格内不能再填数字8，如图2-2中的第一宫打叉处，于是第一宫的数字8只能在A3，即A3=8。

（2）观察第七宫，由于H7=8，I4=8，同时对第七宫进行排除，于是同在H行的H1、H2、H3和同在I行的I1、I2、I3六格内，不能再填数字8，如图2-2中的第七宫打叉处，于是第七宫的数字8只能在G1，即G1=8。

（3）同理观察第三宫B行B6、E行E8、H行H7三格内的数字8对第三宫进行排除，可以得出C9=8。

（4）观察第五宫，第五宫虽然没有已知数，但是它的四个方向上都有数字8，分别是第二宫B6格、第四宫D2格、第六宫E8格、第八宫I4格。这四个8从四个方向对第五宫进行排除，如图2-2中的第五宫图示，得出问号处F5=8。

这种通过某个数字对某个宫进行排除得出数字的方法就叫宫排除法。

行列排除法： 以行或列为目标，通过某一数字对某行或某列进行排除，使得该行或该列只有一个格子可以填该数字的方法。通常在题目中已知数字在某行或某列内较多时选择使用，也是排除法中常用的基本解题方法之一。

观察图2-3中的D行，由于E2=6，所以同在第四宫的D1、D2、D3不能再填数字6；由于H4=6，所以同在第4列的D4不能再填数字6；同样由于B5、A7、G9等于6，排除D5、D7、D9三格填6的可能性。于是D行只剩下最后一格D8，即D8=6。

唯余法： 指在数独盘面中，如果某个格子有8个不同的数字同时对它产生影响，使得该格子只能填入唯一未出现的数字的方法。通常都是先观察行、列、宫，数出某区域缺少的数字，结合其他区域的不同数字对该区域内其中一格的影响，该格子受其他8个不同数字的限制，只能填入唯一余下的数字。

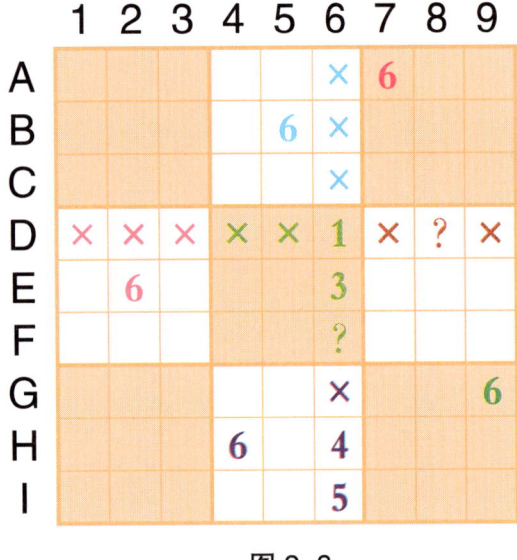
图 2-3

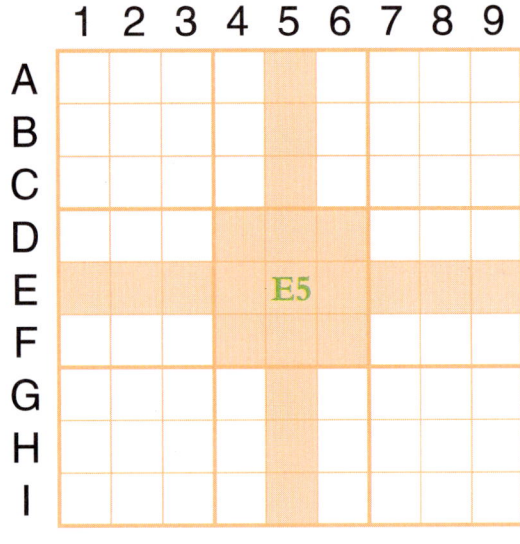
图 2-4

观察图2-4，根据数独的基本规则，行、列、宫内不能出现相同的数字，E5可以影响到20个格子，如图中阴影部分的格子。反过来说就是这些格子内出现的数字，E5不能再填，这就是我们唯余法出数的基本原理。

观察图2-5，图中E行内有数字2、3、5、9，第5列里有7、8，第五宫内有1、4。根据数独的基本规则，2、3、5、9、7、8、1、4这八个不同的数字共同影响E5格，只剩下数字6没有出现，所以只能填6，即E5=6。

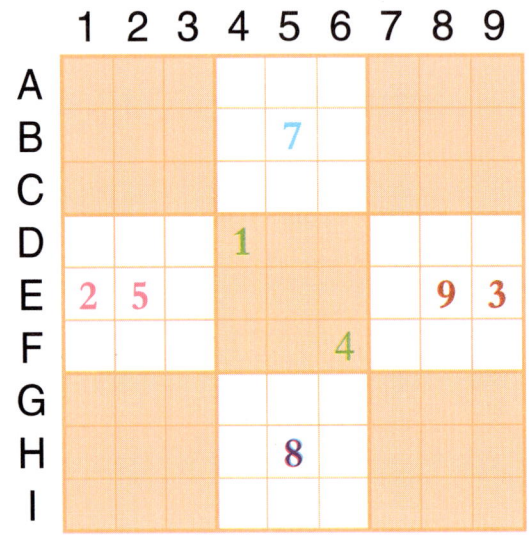
图 2-5

区块排除法：指先利用排除法对某宫（某行或列）进行排除，剩下同方向的两格或者三格必含某一数字的结构，这个结构可以结合其他已知条件或者数字继续排除（或者唯余），得出某一确定的数字的方法。区块不能直接得出数字，通常需要和其他方法结合才能得出数字。区块丰富了观察、解题的思路，对流畅解题，提高解题速度有很大的帮助。

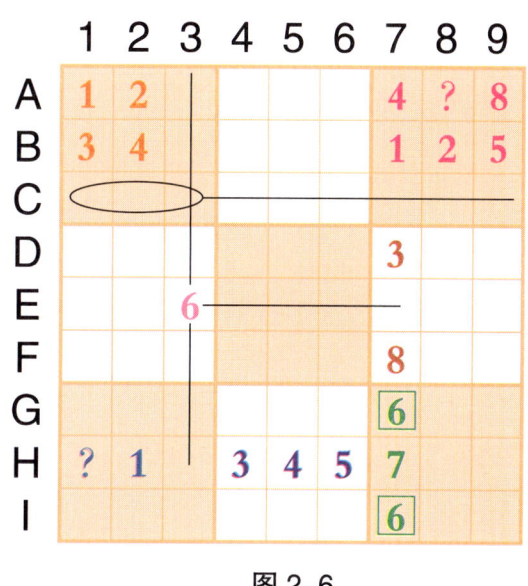

图 2-6

（1）观察图 2-6，由 E3=6 对第一宫进行排除，得出数字 6 可能在 C1、C2 两个位置，即 C1、C2 中必有一个格子含数字 6。6 在第一宫这里形成区块，对第三宫进行排除，得出 A8=6。

（2）E3 的数字 6，以及 C1、C2 区块的数字 6，对第 7 列进行排除，第 7 列的数字 6 只能在 G7 和 I7 两个位置。在列中形成区块，与在宫内形成的区块有所不同，该区块排除了第九宫内其他单元格数字 6 的可能性。则 H 行的 H8、H9 不能填数字 6，加上 E3 的数字 6 排除了 H3 填数字 6 的可能性。于是 H 行只剩下 H1 一个单元格，即 H1=6。

数对（数组）占位法：数对占位法（简称数对）是指在某一个区域内使得某两

个数只能出现在某两个单元格内，虽然这时没有办法确定这两个数字的确切位置，但是可以利用这两个数字的占位排除其他数字出现在这两个单元格内的可能性。通常会结合前面讲解过的基本方法间接得出数字。相对于数对是针对两个数字，数组就是指三个及以上数字了，通常用得比较多的是三个数字的数组，即三个数字对应三个格子形成占位。下面通过图 2–7 来说明一般的结构。（注：非完整题目，仅用于结构说明）

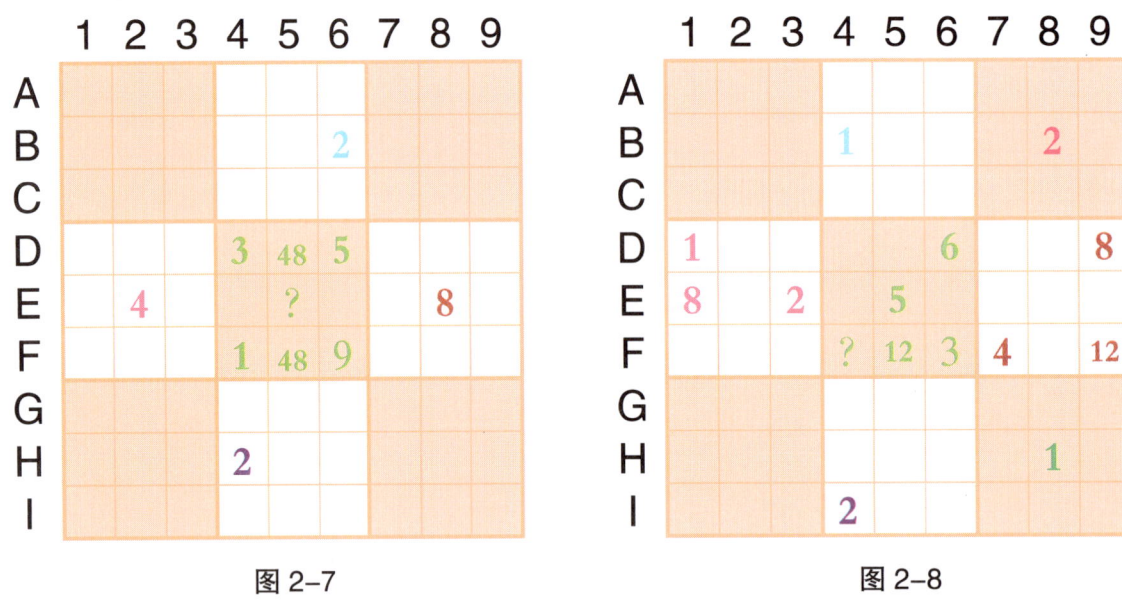

	1	2	3	4	5	6	7	8	9
A									
B						2			
C									
D				3	48	5			
E		4			?			8	
F				1	48	9			
G									
H				2					
I									

图 2–7

	1	2	3	4	5	6	7	8	9
A									
B				1				2	
C									
D	1					6			8
E	8		2		5				
F				?	12	3	4		12
G									
H								1	
I				2					

图 2–8

（1）观察图 2–7，由 E2 格的数字 4 对第五宫进行排除，只剩下两个单元格 D5、F5 可能填 4。同理，E8 格的数字 8 也只能在单元格 D5、F5 里出现，即 D5、F5 这两个单元格内只能填数字 4 和 8，形成 4、8 数对。图 2–7 中通过数对 4、8 占位，再由 B6、H4 两格中数字 2 对第五宫进行宫排除，得出 E5=2。

（2）观察图 2–8，第四宫的数字 1、2，第 4 列的数字 1、2 及第 8 列的数字 1、2 对 F 行进行排除，得出 F 行的 1、2 数对占据 F5、F9 两个单元格，形成 1、2 数对。再利用 D9、E1 两格的数字 8 对 F 行进行排除，得出 F4=8。

第三章
九宫数独经典例题解析

九宫数独规则：在空白格内填入数字 1—9，使得每行、每列、每宫内数字均不重复。

例题：

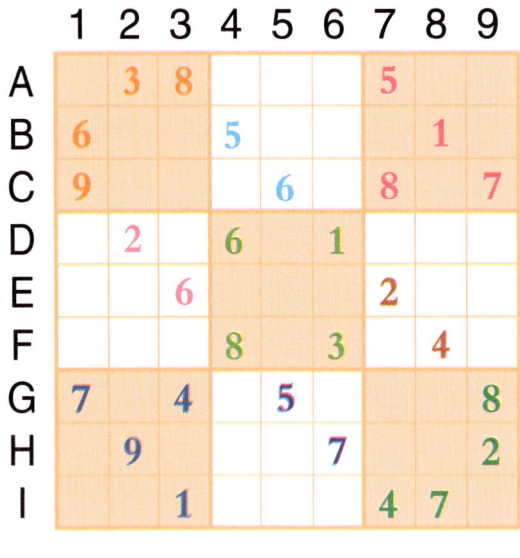

	1	2	3	4	5	6	7	8	9
A		3	8				5		
B	6			5				1	
C	9				6		8		7
D		2		6		1			
E			6				2		
F				8		3		4	
G	7		4		5				8
H		9				7			2
I			1				4	7	

图 3–1

（1）观察盘面，可以先用基本方法来得出数字。首先通过宫排除得出第五宫 F5=2，E6=5；观察 G 行、2 列和第七宫，再唯余得出 G2=6，结合数字 6 对第八宫进行排除，得出 I6=6；观察第 6 列数字，结合 A3、C7、G9 格的数字 8，行列排除得第 6 列 B6=8。同理行列排除得 B3=2，再宫排除得出第一宫 B2=7，第七宫 I1=2。如图 3–2 所示。

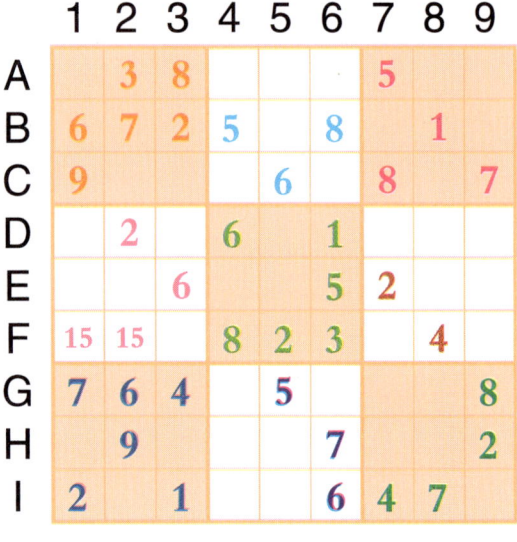

	1	2	3	4	5	6	7	8	9
A		3	8				5		
B	6	7	2	5		8		1	
C	9				6		8		7
D		2		6		1			
E			6			5	2		
F				8	2	3		4	
G	7	6	4		5				8
H		9				7			2
I	2		1			6	4	7	

图 3–2

	1	2	3	4	5	6	7	8	9
A		3	8				5		
B	6	7	2	5		8		1	
C	9				6		8		7
D		2		6		1			
E			6			5	2		
F	15	15		8	2	3		4	
G	7	6	4		5				8
H		9				7			2
I	2		1			6	4	7	

图 3–3

（2）观察第四宫、F 行以及第 1、第 2 列，通过点算得出 F1、F2 有 1、5 数对占位，如图 3–3 所示。

（3）由于 F 行的数字 1 只能在 F1、F2 两格形成区块。结合 D6=1，B8=1 对第六宫进行排除，得出 E9=1；再看第 6 列有 2、4、9 三个数字需要填入，且数字 4 只能在 A6、C6 两格内形成区块，第 6 列 2、4、9 结合与 A 行、C 行、G 行已知数字的关系，形成下图结构。如图 3–4 所示。

	1	2	3	4	5	6	7	8	9
A		3	8			249	5		
B	6	7	2	5		8		1	
C	9				6	24	8		7
D		2		6		1			
E			6			5	2		1
F	15	15		8	2	3		4	
G	7	6	4		5	29			8
H		9				7			2
I	2		1			6	4	7	

图 3–4

	1	2	3	4	5	6	7	8	9
A		3	8			249	5		69
B	6	7	2	5		8		1	4
C	9				6	24	8		7
D		2		6		1			35
E			6			5	2		1
F	15	15		8	2	3		4	69
G	7	6	4		5	29			8
H		9				7			2
I	2		1			6	4	7	35

图 3–5

（4）第二宫的数字 4 只能在 A6、C6 两格内形成区块。第二宫内其他格就不能再填数字 4。因为 I7=4，于是排除得出 B 行 B9=4。再看第 9 列，已有数字 1、2、4、7、8，缺少 3、5、6、9，观察相关行和宫发现 A2=3，F6=3，则第 9 列中的 3 在 D9、I9 格。又因为 A7=5 且 F 行 F1 和 F2 有 1、5 数对，所以第 9 列中的 5 必在 D9、I9 格，与 3 形成 3、5 数对，从而另外两格 A9、F9 为 6、9 数对。如图 3–5 所示。

（5）观察第九宫，因 H2=9，所以第九宫数字 9 只能在 G7、G8 两格内，形成区块，从而 G6 可以排除数字 9，于是得出 G6=2，C6=4，A6=9，如图 3–6 所示。

（6）此时题目变成了基础方法可解的局面，可以排除得出第 9 列 F9=9，剩下 A9=6，等等。下面不再赘述，答案如图 3–7 所示。

	1	2	3	4	5	6	7	8	9
A		3	8			9	5		69
B	6	7	2	5		8		1	4
C	9				6	4	8		7
D		2		6		1			35
E			6			5	2		1
F	15	15		8	2	3		4	69
G	7	6	4		5	2			8
H		9				7			2
I	2		1			6	4	7	35

图 3–6

	1	2	3	4	5	6	7	8	9
A	4	3	8	7	1	9	5	2	6
B	6	7	2	5	3	8	9	1	4
C	9	1	5	2	6	4	8	3	7
D	8	2	9	6	4	1	7	5	3
E	3	4	6	9	7	5	2	8	1
F	1	5	7	8	2	3	6	4	9
G	7	6	4	1	5	2	3	9	8
H	5	9	3	4	8	7	1	6	2
I	2	8	1	3	9	6	4	7	5

图 3–7

第四章

九宫数独练习题

九宫数独规则：在空格内填入数字1—9，使得每行、每列和每宫里的数字都是1—9，且不能重复。

关注公众号“码”上看答案

高级难度　完成总时间：______分钟

4		3		7		8		
6			9	8				
								6
9		5						
			2				1	4
				9			7	
	5				4			1
	6	2						
					3		6	7

完成时间：______分钟　第01题

	4	1				8		
				9		1		4
	7		2		4			
4		7					6	
	6		8		2		7	
	2					4		5
			6		1		4	
6		2		5				
		4				5	9	

完成时间：______分钟　第02题

			7		5	6	4	
		4			1			7
	5				6			1
4						3	2	9
8	3	2						6
5			4				6	
6			5			9		
	1	3	6		7			

完成时间：______分钟　第03题

4				1			9	
			3		6			8
8	2			9				
6							2	
			8	2		6		9
		5		6			3	
	3		9					
5		4					6	
	1				5	7		3

完成时间：______分钟　第04题

高级难度　完成总时间：______分钟

	9					5	3	
3	8		9					
			3	6		4		
			4					7
4		3				8		1
1					8			
		8		5	3			
					2		7	8
	3	1					2	

完成时间：______分钟　第 05 题

			4	3	9			
		4		8		3		
	8						5	
6			8		2			4
		2				7		
5			6		7			2
	3						7	
		9		2		1		
			3	6	8			

完成时间：______分钟　第 06 题

	9		8				3	
		2				7		6
			3	5	2			
		8				6		
2			1		9			3
		7				1		
			4	2	6			
5		3				9		
	4				3		8	

完成时间：______分钟　第 07 题

			1	3		2		5
1	8							
						8		4
8			6		1			
		4						9
7		5			2			8
			5	2				
6							2	
	5		7		4		9	

完成时间：______分钟　第 08 题

高级难度　完成总时间：______分钟

					8		5	6
	6	3			5			9
	5				4			
		4				7		8
				1				
7		1				5		
			5				2	
5			9			6	4	
4	2		3					

完成时间：______分钟　第 09 题

	7	4		8		6	5	
1								4
	2		3		4		8	
		3	4		6	1		
7								3
		2	7		1	8		
6	9		8		3		2	
								8
	4	7		2		3	1	

完成时间：______分钟　第 10 题

			6		4	7		8
2	6				1			
8						4		1
		2		4			3	6
			2		6			
7		6		9				4
	8		3		2			
	4	5					1	
			4			3	9	

完成时间：______分钟　第 11 题

			7		2			
2		1				7		4
		6		4		2		
	2		5		3		7	
9								3
	1		6		7		4	
		2		7		3		
5		8				9		6
			1		5			

完成时间：______分钟　第 12 题

高级难度　完成总时间：______分钟

	9	3		1		8		
					3			4
4				9				1
	2		5		4			
8		9				2		3
			9		8		7	
9				4				5
1			2					
		4		5		9	6	

完成时间：______分钟　第 13 题

3		4		2			6	
			8		1			
		5				4	2	
5	3				6			9
6			3				8	4
	5	3				6		
			1		7			
	4			6		9		7

完成时间：______分钟　第 14 题

4		3				2		
			2	7	9			
6							5	8
				5	7			
	5	1				7	9	
			8	1				
2	6							4
			3	4	6			
		4				8		5

完成时间：______分钟　第 15 题

		5		3		8		
			1		5			
8		1				3		7
	4		6		8		9	
7								6
	6		9		1		8	
2		6				5		4
			5		4			
		4		1		9		

完成时间：______分钟　第 16 题

高级难度　完成总时间：_____分钟

第17题

	6			8				
		7	9	4		2		
	3	9				4	7	
9			3		7			2
7							1	
3			6		9			7
	8	3				2	6	
			4	8	5			
		4			7			

完成时间：_____分钟

第18题

3			6			4	1	
6	1		8				7	3
						2	3	7
				9		2		
5	3	2						
9		8						
					6		4	5
	6	5		1				2

完成时间：_____分钟

第19题

			7	2				
	1				2	9		
	2		8				6	
8		3		4				2
			2		5			
5				9		8		6
	6				8		1	
	9	7				3		
				5	3			

完成时间：_____分钟

第20题

	7	5		8			1	
						2	9	
	3					7		
				9	1			8
2								6
8			6	5				
		7					9	
4	6							
	5		2		7	3		

完成时间：_____分钟

高级难度　完成总时间：＿＿＿＿分钟

第21题

6	2				5			
			4		3			
	3							1
		6		4		8	5	
	1		8		6		3	
	8	2		3		4		
9					7		8	
			2		4			
		1					6	4

第22题

	8		4		3			
		4				8		3
	3		6		5		1	
4	3		2			6		9
			7		6			
9		6		3			1	8
	9		1		8		3	
8		2				5		
			2		7		8	

第23题

	5	3				2	8	
8								7
	4		7		9		6	
		4	5		3	8		
				2				
		8	9		6	7		
	8		6		7		9	
5								4
	3	6				1	7	

第24题

					1	2		9
9		7		7	8			5
					3		4	7
				7	2			
4		2				9		
			5		2			6
3		1						
	2		8					1

高级难度　　完成总时间：_____分钟

第25题　完成时间：_____分钟

第26题　完成时间：_____分钟

第27题　完成时间：_____分钟

第28题　完成时间：_____分钟

高级难度　完成总时间：______分钟

	9		8	1	4			
6		1					9	
	4						8	
3			6			5		
		8		7		9		
		9			3			4
	1						4	
	7					3		8
			2	4	6		1	

完成时间：______分钟　第 29 题

	3				6		8	
6							9	3
5	4		9	2				
		5				1		8
			7		8			
4		1				9		
				4	7		5	6
8	7							9
	5		1				4	

完成时间：______分钟　第 30 题

	1		7			4		
5					3		1	
				4		3		9
8			4		5		6	
		1				5		
	5		1		8			7
7		6		3				
	3		8					4
		4			2		9	

完成时间：______分钟　第 31 题

	2			6			5	
1			4		2			3
		6		9		2		
	6		2	4	5		3	
	3		1	7	6		9	
		8		5		3		
5			3		7			6
	1			2			4	

完成时间：______分钟　第 32 题

高级难度　完成总时间：______分钟

		8		4	2			
				9			2	8
	3	2						
2			6			3		
7			5		4			2
		3			8			7
						9	1	
4	1			6				
			2	5		6		

完成时间：______分钟　第 33 题

	5						3	
			7			9		6
3			8	4				
		8		1		5		4
			2		8			
9		7		3		8		
				6	4			1
4		5			1			
	9						2	

完成时间：______分钟　第 34 题

	1		8		5		4	
		5				7		1
	2		7		4			
5		6						3
			5		9			
1						5		4
			4		2		1	
7		8				4		
	4		3		8		7	

完成时间：______分钟　第 35 题

	2				5			1
		6				9		7
			4		2			3
		1				6		2
			1	5	6			
4		7				1		
6			9		8			
1		4				8		
2			6				7	

完成时间：______分钟　第 36 题

高级难度　完成总时间：______分钟

	1		9	4		5		
		7		1		4		2
2	4		7				9	
						6		8
7	6						4	1
8		1						
	7				6		3	5
6		3		5		9		
		9		3	1		2	

完成时间：______分钟　第 37 题

	5		3	4		6		
	4			6	8			
	8					3	7	4
		8	2		7			3
4								7
7			9		4	1		
5	9	4					3	
			4	9			1	
		1		7	3		6	

完成时间：______分钟　第 38 题

		3			4		7	
			5			4		9
4		1		6			2	
	2		6					4
		4				1		
7					1		9	
	4			7		8		1
9		2			3			
	1		4			9		

完成时间：______分钟　第 39 题

	1			3				
			1	7	2			6
		5				2		
	3		4		7		2	
		6				1		
	4		3		1		9	
		9				4		
5			2	8	3			
				4			7	

完成时间：______分钟　第 40 题

高级难度　完成总时间：______分钟

	7						8	
6			2		9			5
			1		7			
	6	9		2		3	7	
			9		8			
	1	5		7		4	2	
			6		4			
5			8		2			7
	8						1	

完成时间：______分钟　第 41 题

	3		7		6		2	
8			4		9			7
		6		2		4		
3	7						5	4
		8				9		
5	2						6	1
		5		7		2		
2			5		1			6
	6		2		3		9	

完成时间：______分钟　第 42 题

			1		9		6	
3	9					1		
				2	5		3	
1			4			8		
				7				
		4			8			9
	1		3	5				
		2					1	4
	8		9		1			

完成时间：______分钟　第 43 题

		1		4				
			8			2	3	
3		8				9	4	
	3		2		9			
8								6
			7		4		9	
	1	2				4		9
	7	3			8			
				9		1		

完成时间：______分钟　第 44 题

高级难度　完成总时间：______分钟

	4						6	
			8		4			
	9	7		5		1	8	
2		8	6		1	9		5
5								1
4		9	5		7	8		6
	8	1		9		7	2	
			1		2			
	2						1	

完成时间：______分钟　第 45 题

1		3					8	
			3	1	2		9	
	9	5						
			2			6		7
9			1		7			8
6		1			8			
						8	2	
	8		7	2	1			
	5					3		1

完成时间：______分钟　第 46 题

			8	2	1			
		2				8		
5				3				2
	7		2		5		1	
1	2						5	7
	9		7		3		8	
9				8				4
		1				7		
			6	9	2			

完成时间：______分钟　第 47 题

			5		3	7		
	2	3						
	7			6		4		3
1			7		6			9
		7				2		
2			9		4			1
8		9		3			5	
						9	3	
		6	2		9			

完成时间：______分钟　第 48 题

高级难度　完成总时间：______分钟

	2		9			7		
4			3					
				2		8		4
9	6		2		3			
		8				2		
			8		1		9	7
3		5		6				
					7			1
		2			9		6	

完成时间：______分钟　第 49 题

6				9	3			
						5	7	9
5	1						8	
			1			2	6	
8								4
	9	2			6			
	2						4	5
9	6	4						
			9	4				7

完成时间：______分钟　第 50 题

					4	2	5	
9		1			8	4		
4	2			7			9	
1	3		9		6			
		2				1		
			7		2		3	6
	1			6			2	4
		9	4			3		5
	4	3	5					

完成时间：______分钟　第 51 题

	1		7		5		8	
7			8		9			3
		5				9		
3	6		2		1		9	8
5	8		3		4		6	1
		8				2		
1			9		6			4
	5		4		3		7	

完成时间：______分钟　第 52 题

高级难度　完成总时间：______分钟

	4			2			9	
8		7				3		1
	9		3		1		8	
		8	5		2	6		
4								9
		3	7		4	8		
	3		9		8		6	
6		4				9		3
	5			3			4	

完成时间：______分钟　第 53 题

	2		6		4			
		4			3	5		7
	6				5		3	
6	5	2		3				1
			2		1			
4				6		3	2	9
	3		8				7	
8		6	4			2		
			3		6		8	

完成时间：______分钟　第 54 题

1			8			4		6
	9	6					1	
3			1		2		9	
		9		8		5		1
			3		5			
5		8		1		6		
	8		7		9			5
	6					1	7	
2		7			1			9

完成时间：______分钟　第 55 题

		4		3	5		2	
			8			4		1
5		9		1			8	
	9				1			3
2		3				1		8
7			3				4	
	5			4		8		2
9		2			8			
	4		1	2		7		

完成时间：______分钟　第 56 题

高级难度　完成总时间：______分钟

	7		1		9		5	
1				7				8
		2		4		1		
4			2		6			9
	6	9				8	2	
2			8		7			1
		4		6		3		
3				2				4
	1		4		3		9	

完成时间：______分钟　第 57 题

		2		6	1	9		
					9	4		
8	9			4				1
5	2							
9		4				2		7
							5	4
7				5			2	8
		1	6					
		8	4	9		7		

完成时间：______分钟　第 58 题

	4				6		2	
2		5				6		
				8	9		5	
1			4		8			
8		7				9		3
			9		3			8
	7		3	5				
		6				5		2
	5		8				9	

完成时间：______分钟　第 59 题

3		6			2	1		
			4	9				
9					1	8		2
	3					4		5
	8						7	
6		4					9	
2		7	1					4
				7	5			
		1	3			7		6

完成时间：______分钟　第 60 题

高级难度　完成总时间：______分钟

8		9		1				
			4	8	6			
4						7	1	
	4		9				7	6
	1						3	
6	3				5		4	
	8	1						5
			2	6	3			
				5		3		7

完成时间：______分钟　第 61 题

	1	5		4				
3			7				6	
2				9	5			
	9		3			4		
8		1				3		6
		6			2		8	
			8	3				7
	8				9			3
				1		8	4	

完成时间：______分钟　第 62 题

6		8		7				
			4		9		5	
9		7		8				
	1		3				8	
3		4				1		6
	8				1		3	
				2		5		4
	2		6		4			
				3		9		2

完成时间：______分钟　第 63 题

	7				8		1	
			9				4	8
6			5		7			
		2		3		8		7
		3	4		6			
		6		7		3	5	
			7	9	4			
1	4							6
	3					4		

完成时间：______分钟　第 64 题

高级难度　完成总时间：______分钟

	9		3			5		
3		7			9			
		2					9	
	2		7	9				
4	6						7	9
				8	6		5	
2	5					9		
			1			6		8
		1			2		4	

完成时间：______分钟　第 65 题

	9			1		4		3
	1	2		9				
		6				2		1
	3		8		7			
2							7	4
	5		9		4			
9						7	1	
			5		9		6	2
		5		6				

完成时间：______分钟　第 66 题

8		3		6			7	
						9		8
		9	7	8				
	2						8	5
		7	5		4	3		
5	6						1	
				4	2	8		
1		8						
	4			3		1		6

完成时间：______分钟　第 67 题

2				5	8			
			3			5	6	
		4		6			1	
	2				4			5
1		6				9		4
7			9				8	
	5			9		4		
	9	7			1			
			4	3				7

完成时间：______分钟　第 68 题

高级难度 完成总时间：______分钟

	6			7		3		
3			6		8			
				2		8		4
	7				4		3	
5		3				4		1
	8		3				7	
1		7		3				
			4		1			6
		2		8			4	

完成时间：______分钟 第 69 题

	1	2			5		4	
4						6		5
7					6		8	
				6		7		4
			2		1			
3		8		4				
	2		3					1
8		5						6
	4		6			8	2	

完成时间：______分钟 第 70 题

	2		5			3	7	
				1	7			
7		9				8		
	4		8		5			7
	1						6	
3			4		1		8	
		8				6		3
4			3	5				
		1			2		4	

完成时间：______分钟 第 71 题

1		3	4					
			9			6	2	3
2		9		6				
	3		2				4	
5								7
	2				8		5	
				2		5		8
7	5	2			9			
					3	9		2

完成时间：______分钟 第 72 题

高级难度　完成总时间：______分钟

	1	3				6	2	
2			1		4			9
5								1
	5			7			6	
			6		9			
	4			3			1	
4								7
1			5		8			6
	3	6				1	4	

完成时间：______分钟　第 73 题

					7	5	1	
5		2			6			
7							6	
8	9			7				
			5		4			
				1			9	7
	4							6
			3			1		5
	1	6	7					

完成时间：______分钟　第 74 题

			4		9			
				3				4
3						5		7
	3	4		5		7		
			7		2			
		9		1		4	6	
5		3						2
1				7				
			2		5			

完成时间：______分钟　第 75 题

		7		8	4			
		4		5		9		
		1				8	4	
	3		9					6
							3	1
	6		3		1			
						5	8	2
5			4		6			
	9							

完成时间：______分钟　第 76 题

高级难度　完成总时间：______分钟

				9			4	
	7					2		9
	4		8	1			5	
	8	3						
			6			8		3
2				8		9		
6					9			
					3	7	2	
		1	7					

完成时间：______分钟　第 77 题

			2		1	9		
6	7							
	1				3			5
				9		1		4
		8			4			
9		5						3
			9	7				
3						8	6	
	8		3				4	

完成时间：______分钟　第 78 题

		6				8		
			5		1			
1			4		7			2
	2	3				9	8	
	8	9				4	5	
2			1		3			6
			8		2			
		7				1		

完成时间：______分钟　第 79 题

			3					5
5		2						3
					6	7		9
	1			4			9	
		7				3		
	5			2			8	
2		4	6					
7						4		6
8					1			

完成时间：______分钟　第 80 题

高级难度　完成总时间：______分钟

	9			4				8
	4	5						1
				2	1			
6					8			
	7	1				8	9	
			5					6
			4	9				
8						3	6	
9	1			6			7	

完成时间：______分钟　第 81 题

8		2						
9						6		4
				1	9		8	
	3	6	5					
			8		2			
					4	5	2	
	1		4	7				
3		8						6
						1		8

完成时间：______分钟　第 82 题

7		1					9	
			2		1			3
5			6					
				9			3	
1				8	2			
	4					2	7	
8		2						5
			7					
		4		5		3		1

完成时间：______分钟　第 83 题

4	3	8						
1			4			6		
7			8		9		3	
	7	1		2		3		
			6		1			
		3		4		5	1	
	6		3		4			2
		2			5			3
						8	6	7

完成时间：______分钟　第 84 题

高级难度　完成总时间：______分钟

		8		9				
			8	1	5			
2		5				8		
	2				9		6	
9	4						3	5
	5		4				7	
		2				9		7
			7	5	1			
				4		3		

完成时间：______分钟　第 85 题

	7	8					6	
			2	8	7			9
		5						8
9			1		4			
1		3				6		2
			9		6			4
5						2		
8			3	7	2			
	2					3	8	

完成时间：______分钟　第 86 题

	3		1		5		6	
1						7		2
			2		6		1	
4		8				2		6
				2				
7		3				9		5
	6		3		8			
9		4						8
	8		5		4		2	

完成时间：______分钟　第 87 题

9			7			6		
	5					1		
				1	3	5		
	4	8					7	
			8	2	1			
	1					8	5	
		6	9	4				
		9					8	
		3			6			2

完成时间：______分钟　第 88 题

高级难度 完成总时间：______分钟

	8						2	
5		6		8				1
	9		1			8		
		8		9				
	3		8		6		4	
				1		5		
		2			1		8	
9				7		2		5
	5						3	

完成时间：______分钟 第 89 题

	2			4			7	
		8				9		
			1	6	9		4	
7						2		8
			7		8			
1		5						4
	1		4	7	5			
		2				4		
	6			3			8	

完成时间：______分钟 第 90 题

				1		5		
				3	4			
3		9						4
	6	3					5	
	4	5					6	7
5				6	1	9		
				4	2			
8		6				7		

完成时间：______分钟 第 91 题

2		5		3		1		
			8		1		3	
3				4				5
	6				4		2	
4		1				6		7
	2		1				5	
6				2				9
	9		4		6			
		2		7		8		4

完成时间：______分钟 第 92 题

高级难度 完成总时间：______分钟

		5				3		
			3	7	1			
	6	3				2	9	
	4			6			3	
2								8
	5			8			7	
	3	4				8	5	
		9	7	5	3			
		1				7		

完成时间：______分钟 第 93 题

			1	3		5		
					9	8		
6	4							
	3		4		6			1
7								8
9			2		1		5	
							8	3
		2	8					
		9		2	3			

完成时间：______分钟 第 94 题

	8	7					9	
9					4	2		8
	6		8					5
	7			6		9		
			4		1			
		8		5			2	
6					3		1	
8		1	9					6
	2					4	5	

完成时间：______分钟 第 95 题

		1		7	4			2
	6							5
					3			1
	9							
		5	1		2	6		
							7	
5			4					
2							5	
7			6	9		3		

完成时间：______分钟 第 96 题

高级难度　完成总时间：______分钟

			6	5	4			
4								3
	7	9				8	6	
3			9		5			6
	5						1	
9			3		7			2
	4	3				6	9	
6								5
			2	4	6			

完成时间：______分钟　第 97 题

	7		3		9		8	
1		5				9		7
	9						6	
4				3				2
			9		2			
9				5				8
	4						3	
7		6				2		4
	5		6		4		7	

完成时间：______分钟　第 98 题

		2				3	6	
5			8		2			
3				4				2
	9		1		4		5	
		7				2		
	1		3		8		9	
1				8				4
			4		7			5
	8	4				6		

完成时间：______分钟　第 99 题

	3		1			9		
2	1	9		6				
	4					7		6
6				5				
	9		7		8		6	
				2				4
9		3					8	
				8		2	5	9
		8			9		4	

完成时间：______分钟　第 100 题

高级难度　完成总时间：______分钟

		3		4				5
			2				6	
9	1							
		4		7				8
				5				
		8						7
			9		6	5	2	
			1					

完成时间：______分钟　第 101 题

	1						4	
		9	6	5				
					4			
	2			7	3			
		6						5
	3							
	4				1			
			8			9		6

完成时间：______分钟　第 102 题

		6			5			
						1	7	2
			3	9				
	7			1		9		
		4				5	6	8
5	9				6			
	4			2				3
			7					

完成时间：______分钟　第 103 题

						5		
4	6	1						8
				9			6	1
5			4		8			
			3		5			7
6	2			7				
		9						
3						9	8	4

完成时间：______分钟　第 104 题

高级难度　完成总时间：______分钟

								1
8	9							
					3			5
		5		7				
		6						3
				9			7	
			5					
					6		8	
				8		4	9	

完成时间：______分钟　第 105 题

7				1			3	6
	8	5	2					
6				3			7	
	9					5		
			5		9	8		
3							1	

完成时间：______分钟　第 106 题

			6		3		2	7
7							1	4
	1		8					2
		6		2	7			
5							9	
				4	5	7		
			2		6			
3				8			5	

完成时间：______分钟　第 107 题

			9		4	1		
8	3			5				
			2			7		
			1		9	2		
3					8			
	7							6
		3				5	2	8
9				4	5		1	
		8		2				

完成时间：______分钟　第 108 题

高级难度　完成总时间：______分钟

1		6						
		8		4	7			9
	4					6		
						4	7	3
	5					1		
	7				8		9	
8			7	9	5		6	
					1		3	
					3			1

完成时间：______分钟　第 109 题

		8	1		7			
	6	2					7	
			3					
	2				4	1	6	3
							2	
		6	7		9	8	4	
	8							9
						3		
			4	8		7		

完成时间：______分钟　第 110 题

				1	3		8	
5			4			3	1	
3				2				
		7		3			6	
	3		2					
					8			4
				8		9		
8		4			2	6		
		6	5	7				

完成时间：______分钟　第 111 题

	5				9	3		
		9				7	6	
8			7					
3			2				9	
			6	5	1			
	4			3				2
		8			2		1	
				1				8
	1	6				5		

完成时间：______分钟　第 112 题

高级难度　完成总时间：_____分钟

(第113题)　完成时间：_____分钟

(第114题)　完成时间：_____分钟

(第115题)　完成时间：_____分钟

(第116题)　完成时间：_____分钟

高级难度　完成总时间：______分钟

			8	7				
		1				2	3	
			4		2			
9								
8	6							7
4						5		
					9			8
		2			3			

完成时间：______分钟　第 117 题

8		1					7	
	2		5		8	6		
	5		6	4				8
7		3				9		
			2					1
4				6		3		
			9	7	2	4		

完成时间：______分钟　第 118 题

				4				
				7		1		
3		8						
					3			
					2		8	5
	7							
	1							
			9		8			2
7	4					6		

完成时间：______分钟　第 119 题

				4			9	
		1	7		6			
	9	7	1					4
1						3	6	
	8						1	5
	2							
4			3					
2		8	6	7				
3				8				

完成时间：______分钟　第 120 题

高级难度 完成总时间：______分钟

		6	1	4				
4		8			3			
			7					
	4	9		5		2		
					9		3	
		7	6				5	
	1							7
2			4			3		
						9		6

完成时间：______分钟 第 121 题

				5				
					2			9
	9	5		4	7	6		1
	2	4						
1						4		3
	7							
6	4		1				8	
		1				9	7	6
3						1		

完成时间：______分钟 第 122 题

3	7		2		4			
		2					5	
				7		6		
1							3	
	9			1				
			8			2		
		4		3			2	
						8		
		8	5				7	3

完成时间：______分钟 第 123 题

		7			6			
9		6		7				3
	4		5		1	2	6	
					3		1	
2			4					8
					5			
	8		3					9
	2					4	7	

完成时间：______分钟 第 124 题

高级难度 完成总时间：______分钟

	4	7		2		3		
			1					9
8	5		6					
							4	5
4				9			2	
	3			4	2			
9						1		8
				7				

完成时间：______分钟 第 125 题

				5	2			
2	4			9				
	7		3					
		3	2					
				6			8	9
			7			6	3	4
								7
	9				4			2
3				2	1	9		8

完成时间：______分钟 第 126 题

		3		1	6			
			7			5		
								2
7	4					2		
8	5							
				8	1		7	
2			4					
								6
		8					1	3

完成时间：______分钟 第 127 题

2		6				5		
		3						
5					7	6		
				4	9	8		
	8						3	2
						1		
					5			6
3	7		2					
					1		9	

完成时间：______分钟 第 128 题

高级难度　完成总时间：______分钟

		2			1			
		4					5	
				8				6
						4	1	
		9						
3				6				
6					5			
8								
					4	2	3	

完成时间：______分钟　第 129 题

5				3		6		
					8			
2		7	6				1	3
					3			
8		2						
			7	9	6	1		
		4				9		7
1				5		8	2	

完成时间：______分钟　第 130 题

		1	8			7		3
	9							
2		4			1			
				5				
		8	7					1
					4			
				8			9	2
						4		
	5	3	1					8

完成时间：______分钟　第 131 题

9			7		4			
						4	6	
			5			1		7
1	8					9		
	2				9		3	
6						7	2	
3		8		4				
				5	1	8		
2	9							

完成时间：______分钟　第 132 题

高级难度　完成总时间：_____分钟

		7		2		3	4	
5	8	2						7
6		9						
			7				8	
			3			2		
2								
			4		6		1	3	2
		5	1				7	

完成时间：_____分钟　第133题

8	3							1
			7	9	6			
		6		1	2			
8	1			5			9	6
							5	4
	3	2						
6			4		8			
				9		7		
4							7	2

完成时间：_____分钟　第134题

5	3		1					8
		7		9				
		5				1	4	
			3					
	2				7		9	
	6			8	2			7
	7	1					6	
3			8	4	6	7		

完成时间：_____分钟　第135题

8	3	1		9				
							1	6
				2		3		
2		8		7				
1							7	4
				4			9	1
			5	4				3
		6			3			
4							2	8

完成时间：_____分钟　第136题

高级难度　完成总时间：＿＿＿＿分钟

第137题　完成时间：＿＿＿＿分钟

第138题　完成时间：＿＿＿＿分钟

第139题　完成时间：＿＿＿＿分钟

第140题　完成时间：＿＿＿＿分钟

高级难度　完成总时间：______分钟

9	1	7	3				2	
8					7			
		2	6			8		
		8		4				
	4					3		7
6			9				8	
				7		1	5	
			8		5			
	2				4			

完成时间：______分钟　第 141 题

9								5
				5	3		8	4
		5	7				2	
	1			3				
				4				8
7				2			9	
3					6	1		
	5						7	
6	7		1	9				

完成时间：______分钟　第 142 题

				8			6	
	5	7						
			3		2			
6			8				9	
					5	8		
		4			7			
3				6				4
	9							7
		2		9				

完成时间：______分钟　第 143 题

				4		5		
7					6		9	4
3					2			
9				7			6	
		4		5				2
	1					9	7	
	8			6		7		
6		1						9
					5	8		

完成时间：______分钟　第 144 题

高级难度 完成总时间：______分钟

6			7				3	
	1		3			2	8	9
					9			
	8	2						4
	3		9	8			1	2
		6			7			
			6		3	5		
		8						6
				1				

完成时间：______分钟 第 145 题

		3	8	7		2	5	
9						8		
	8		2					7
					1		2	
1	4				7			8
					6	4		
						5		
5	3						7	6
			6					

完成时间：______分钟 第 146 题

8								
6		3		4	8			2
					2	1		6
	4			5			6	
				1	6			9
		8				4		
		5	2	9	7			
						3		8
							2	7

完成时间：______分钟 第 147 题

6			1					
			6	5		7	1	
	1					3		
8								9
4								
		9			1	8		
					7		2	
		7		4	8	5		
		6						4

完成时间：______分钟 第 148 题

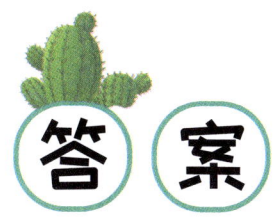

答案

九宫数独练习题

NO: 01

4	1	3	6	7	2	8	5	9
6	2	7	9	8	5	1	4	3
5	8	9	4	3	1	7	2	6
9	7	5	1	4	6	3	8	2
8	3	6	2	5	7	9	1	4
2	4	1	3	9	8	6	7	5
3	5	8	7	6	4	2	9	1
7	6	2	5	1	9	4	3	8
1	9	4	8	2	3	5	6	7

NO: 02

9	4	1	5	6	3	8	2	7
2	5	6	7	9	8	1	3	4
3	7	8	2	1	4	6	5	9
4	8	7	1	3	5	9	6	2
5	6	9	8	4	2	3	7	1
1	2	3	9	7	6	4	8	5
7	9	5	6	8	1	2	4	3
6	3	2	4	5	9	7	1	8
8	1	4	3	2	7	5	9	6

NO: 03

3	8	1	7	9	5	6	4	2
2	6	4	8	3	1	5	9	7
7	5	9	2	4	6	8	3	1
4	7	5	1	6	8	3	2	9
1	9	6	3	7	2	4	8	5
8	3	2	9	5	4	1	7	6
5	2	8	4	1	9	7	6	3
6	4	7	5	2	3	9	1	8
9	1	3	6	8	7	2	5	4

NO: 04

4	6	7	2	1	8	3	9	5
1	5	9	3	7	6	2	4	8
8	2	3	5	9	4	1	7	6
6	9	8	1	5	3	4	2	7
3	4	1	8	2	7	6	5	9
2	7	5	4	6	9	8	3	1
7	3	6	9	8	2	5	1	4
5	8	4	7	3	1	9	6	2
9	1	2	6	4	5	7	8	3

NO: 05

6	9	7	1	8	4	5	3	2
3	8	4	9	2	5	7	1	6
5	1	2	3	6	7	4	8	9
8	5	9	4	3	1	2	6	7
4	7	3	2	9	6	8	5	1
1	2	6	5	7	8	9	4	3
2	6	8	7	5	3	1	9	4
9	4	5	6	1	2	3	7	8
7	3	1	8	4	9	6	2	5

NO: 06

7	5	6	4	3	9	8	2	1
9	2	4	5	8	1	3	6	7
3	8	1	2	7	6	4	5	9
6	7	3	8	9	2	5	1	4
4	9	2	1	5	3	7	8	6
5	1	8	6	4	7	9	3	2
2	3	5	9	1	4	6	7	8
8	6	9	7	2	5	1	4	3
1	4	7	3	6	8	2	9	5

NO: 07

1	9	5	8	6	7	4	3	2
8	3	2	9	4	1	7	5	6
4	7	6	3	5	2	8	9	1
3	1	8	2	7	5	6	4	9
2	6	4	1	8	9	5	7	3
9	5	7	6	3	4	1	2	8
7	8	9	4	2	6	3	1	5
5	2	3	7	1	8	9	6	4
6	4	1	5	9	3	2	8	7

NO: 08

4	9	6	1	3	8	2	7	5
1	8	7	2	4	5	9	3	6
5	2	3	9	6	7	8	1	4
8	3	9	6	5	1	7	4	2
2	6	4	8	7	3	1	5	9
7	1	5	4	9	2	3	6	8
9	7	1	5	2	6	4	8	3
6	4	8	3	1	9	5	2	7
3	5	2	7	8	4	6	9	1

NO: 09

9	4	7	1	3	8	2	5	6
1	6	3	7	2	5	4	8	9
8	5	2	6	9	4	1	3	7
6	3	4	2	5	9	7	1	8
2	9	5	8	1	7	3	6	4
7	8	1	4	6	3	5	9	2
3	7	9	5	4	6	8	2	1
5	1	8	9	7	2	6	4	3
4	2	6	3	8	1	9	7	5

NO: 10

3	7	4	1	8	2	6	5	9
1	6	8	9	7	5	2	3	4
5	2	9	3	6	4	7	8	1
9	8	3	4	5	6	1	7	2
7	1	6	2	9	8	5	4	3
4	5	2	7	3	1	8	9	6
6	9	5	8	1	3	4	2	7
2	3	1	5	4	7	9	6	8
8	4	7	6	2	9	3	1	5

NO: 11

5	1	9	6	3	4	7	2	8
2	6	4	8	7	1	9	5	3
8	7	3	5	2	9	4	6	1
1	9	2	7	4	8	5	3	6
4	3	8	2	5	6	1	7	9
7	5	6	1	9	3	2	8	4
9	8	7	3	1	2	6	4	5
3	4	5	9	6	7	8	1	2
6	2	1	4	8	5	3	9	7

NO: 12

4	8	9	7	6	2	5	3	1
2	3	1	8	5	9	7	6	4
7	5	6	3	4	1	2	9	8
8	2	4	5	1	3	6	7	9
9	6	7	4	2	8	1	5	3
3	1	5	6	9	7	8	4	2
1	4	2	9	7	6	3	8	5
5	7	8	2	3	4	9	1	6
6	9	3	1	8	5	4	2	7

趣味数独 Ⅳ

NO: 13

6	9	3	4	1	5	8	2	7
2	1	7	6	8	3	5	9	4
4	5	8	7	9	2	6	3	1
7	2	6	5	3	4	1	8	9
8	4	9	1	6	7	2	5	3
5	3	1	9	2	8	4	7	6
9	8	2	3	4	6	7	1	5
1	6	5	2	7	9	3	4	8
3	7	4	8	5	1	9	6	2

NO: 14

3	8	4	5	2	9	7	6	1
2	6	7	8	4	1	5	9	3
1	9	5	6	7	3	4	2	8
5	3	8	4	1	6	2	7	9
4	1	2	7	9	8	3	5	6
6	7	9	3	5	2	1	8	4
7	5	3	9	8	4	6	1	2
9	2	6	1	3	7	8	4	5
8	4	1	2	6	5	9	3	7

NO: 15

4	9	3	5	6	8	2	1	7
5	1	8	2	7	9	4	3	6
6	2	7	4	3	1	9	5	8
3	4	2	9	5	7	6	8	1
8	5	1	6	2	4	7	9	3
9	7	6	8	1	3	5	4	2
2	6	9	1	8	5	3	7	4
7	8	5	3	4	6	1	2	9
1	3	4	7	9	2	8	6	5

NO: 16

6	2	5	7	3	9	8	4	1
4	3	7	1	8	5	6	2	9
8	9	1	4	2	6	3	5	7
1	4	3	6	7	8	2	9	5
7	8	9	3	5	2	4	1	6
5	6	2	9	4	1	7	8	3
2	1	6	8	9	3	5	7	4
9	7	8	5	6	4	1	3	2
3	5	4	2	1	7	9	6	8

NO: 17

4	7	6	5	2	3	8	1	9
8	5	1	7	9	4	3	2	6
2	3	9	1	6	8	4	7	5
9	1	8	3	5	7	6	4	2
7	6	5	8	4	2	9	3	1
3	4	2	6	1	9	5	8	7
5	8	3	9	7	1	2	6	4
6	2	7	4	8	5	1	9	3
1	9	4	2	3	6	7	5	8

NO: 18

3	5	9	6	2	7	4	1	8
6	1	7	8	4	3	5	2	9
2	8	4	5	1	9	7	6	3
8	9	1	4	6	5	2	3	7
7	4	6	9	3	2	8	5	1
5	3	2	1	7	8	6	9	4
9	2	8	3	5	4	1	7	6
1	7	3	2	8	6	9	4	5
4	6	5	7	9	1	3	8	2

NO: 19

6	3	8	9	7	2	5	4	1
7	5	1	3	6	4	2	9	8
4	2	9	8	5	1	7	6	3
8	1	3	6	4	7	9	5	2
9	7	6	2	8	5	1	3	4
5	4	2	1	9	3	8	7	6
3	6	5	7	2	8	4	1	9
2	9	7	4	1	6	3	8	5
1	8	4	5	3	9	6	2	7

NO: 20

6	9	7	5	2	8	4	1	3
5	8	4	7	1	3	6	2	9
1	2	3	9	4	6	8	7	5
7	4	6	3	9	1	2	5	8
2	3	5	8	7	4	1	9	6
8	1	9	6	5	2	7	3	4
3	7	1	4	8	5	9	6	2
4	6	2	1	3	9	5	8	7
9	5	8	2	6	7	3	4	1

NO: 21

6	2	7	9	8	1	5	4	3
1	5	9	4	6	3	7	2	8
4	3	8	7	2	5	6	9	1
3	9	6	1	4	2	8	5	7
5	1	4	8	7	6	2	3	9
7	8	2	5	3	9	4	1	6
9	4	5	6	1	7	3	8	2
8	6	3	2	9	4	1	7	5
2	7	1	3	5	8	9	6	4

NO: 22

5	8	1	4	7	3	2	9	6
7	6	4	9	1	2	8	5	3
2	3	9	6	8	5	7	1	4
4	5	3	8	2	1	6	7	9
1	2	8	7	9	6	3	4	5
9	7	6	5	3	4	1	2	8
6	9	7	1	5	8	4	3	2
8	1	2	3	4	9	5	6	7
3	4	5	2	6	7	9	8	1

NO: 23

7	5	3	1	6	4	2	8	9
8	6	9	3	5	2	4	1	7
1	4	2	7	8	9	3	6	5
9	1	4	5	7	3	8	2	6
6	7	5	8	2	1	9	4	3
3	2	8	9	4	6	7	5	1
4	8	1	6	3	7	5	9	2
5	9	7	2	1	8	6	3	4
2	3	6	4	9	5	1	7	8

NO: 24

8	4	5	3	6	1	2	7	9
9	1	7	5	2	4	8	3	6
2	3	6	7	9	8	1	4	5
1	6	8	9	3	5	4	2	7
5	9	3	4	7	2	6	8	1
4	7	2	1	8	6	9	5	3
7	5	4	2	1	9	3	6	8
3	8	1	6	4	7	5	9	2
6	2	9	8	5	3	7	1	4

NO: 25

3	7	1	8	6	9	5	4	2
9	5	8	3	4	2	1	7	6
2	6	4	5	7	1	3	8	9
8	3	2	1	9	6	4	5	7
6	1	7	2	5	4	8	9	3
4	9	5	7	8	3	6	2	1
7	4	9	6	3	8	2	1	5
5	2	6	4	1	7	9	3	8
1	8	3	9	2	5	7	6	4

NO: 26

3	4	9	2	1	8	7	6	5
8	6	5	4	3	7	9	1	2
2	7	1	9	6	5	4	8	3
6	2	7	5	8	3	1	9	4
4	5	8	7	9	1	2	3	6
1	9	3	6	4	2	5	7	8
5	1	2	8	7	6	3	4	9
9	3	6	1	2	4	8	5	7
7	8	4	3	5	9	6	2	1

NO: 27

4	2	6	3	7	9	5	1	8
1	7	8	6	4	5	2	3	9
5	9	3	8	2	1	4	6	7
8	6	4	5	9	2	3	7	1
9	3	1	7	8	4	6	2	5
2	5	7	1	3	6	8	9	4
3	8	9	4	6	7	1	5	2
6	1	2	9	5	8	7	4	3
7	4	5	2	1	3	9	8	6

NO: 28

5	1	8	4	7	2	3	6	9
3	9	4	6	8	1	7	2	5
7	2	6	9	5	3	1	8	4
6	5	1	3	4	8	2	9	7
9	7	3	2	1	5	6	4	8
4	8	2	7	6	9	5	3	1
8	3	9	5	2	7	4	1	6
2	6	7	1	9	4	8	5	3
1	4	5	8	3	6	9	7	2

趣味数独 Ⅳ

NO: 29

2	9	7	8	1	4	6	5	3
6	8	1	3	2	5	4	9	7
5	4	3	9	6	7	1	8	2
3	2	4	6	8	9	5	7	1
1	5	8	4	7	2	9	3	6
7	6	9	1	5	3	8	2	4
9	1	6	7	3	8	2	4	5
4	7	2	5	9	1	3	6	8
8	3	5	2	4	6	7	1	9

NO: 30

1	3	9	4	7	6	2	8	5
6	2	7	8	5	1	4	9	3
5	4	8	9	2	3	6	7	1
7	6	5	2	9	4	1	3	8
2	9	3	7	1	8	5	6	4
4	8	1	6	3	5	9	2	7
9	1	2	3	4	7	8	5	6
8	7	4	5	6	2	3	1	9
3	5	6	1	8	9	7	4	2

NO: 31

3	1	9	7	8	6	4	5	2
5	4	7	2	9	3	8	1	6
2	6	8	5	4	1	3	7	9
8	9	3	4	7	5	2	6	1
6	7	1	3	2	9	5	4	8
4	5	2	1	6	8	9	3	7
7	2	6	9	3	4	1	8	5
9	3	5	8	1	7	6	2	4
1	8	4	6	5	2	7	9	3

NO: 32

4	2	3	7	6	1	8	5	9
1	9	5	4	8	2	6	7	3
7	8	6	5	9	3	2	1	4
9	6	7	2	4	5	1	3	8
2	5	1	8	3	9	4	6	7
8	3	4	1	7	6	5	9	2
6	7	8	9	5	4	3	2	1
5	4	2	3	1	7	9	8	6
3	1	9	6	2	8	7	4	5

NO: 33

9	5	8	1	4	2	7	3	6
1	4	7	3	9	6	5	2	8
6	3	2	7	8	5	4	9	1
2	8	4	6	1	7	3	5	9
7	9	1	5	3	4	8	6	2
5	6	3	9	2	8	1	4	7
8	2	6	4	7	3	9	1	5
4	1	5	8	6	9	2	7	3
3	7	9	2	5	1	6	8	4

NO: 34

7	5	4	1	9	6	2	3	8
1	8	2	7	5	3	9	4	6
3	6	9	8	4	2	1	5	7
2	3	8	6	1	9	5	7	4
5	4	6	2	7	8	3	1	9
9	1	7	4	3	5	8	6	2
8	2	3	5	6	4	7	9	1
4	7	5	9	2	1	6	8	3
6	9	1	3	8	7	4	2	5

NO: 35

6	1	7	8	3	5	2	4	9
4	3	5	2	9	6	7	8	1
8	2	9	7	1	4	3	5	6
5	9	6	1	4	7	8	2	3
3	8	4	5	2	9	1	6	7
1	7	2	6	8	3	5	9	4
9	5	3	4	7	2	6	1	8
7	6	8	9	5	1	4	3	2
2	4	1	3	6	8	9	7	5

NO: 36

8	2	3	7	9	5	4	6	1
5	4	6	3	8	1	9	2	7
7	1	9	4	6	2	5	8	3
9	5	1	8	4	7	6	3	2
3	8	2	1	5	6	7	4	9
4	6	7	2	3	9	1	5	8
6	3	5	9	7	8	2	1	4
1	7	4	5	2	3	8	9	6
2	9	8	6	1	4	3	7	5

NO: 37

3	1	6	9	4	2	5	8	7
9	5	7	3	1	8	4	6	2
2	4	8	7	6	5	1	9	3
4	9	5	1	2	3	6	7	8
7	6	2	5	8	9	3	4	1
8	3	1	6	7	4	2	5	9
1	7	4	2	9	6	8	3	5
6	2	3	8	5	7	9	1	4
5	8	9	4	3	1	7	2	6

NO: 38

1	5	7	3	4	9	6	2	8
2	4	3	7	6	8	9	5	1
6	8	9	1	2	5	3	7	4
9	6	8	2	1	7	5	4	3
4	1	5	8	3	6	2	9	7
7	3	2	9	5	4	1	8	6
5	9	4	6	8	1	7	3	2
3	7	6	4	9	2	8	1	5
8	2	1	5	7	3	4	6	9

NO: 39

5	9	3	1	2	4	6	7	8
2	7	6	5	3	8	4	1	9
4	8	1	7	6	9	5	2	3
1	2	9	6	8	7	3	5	4
6	3	4	2	9	5	1	8	7
7	5	8	3	4	1	2	9	6
3	4	5	9	7	2	8	6	1
9	6	2	8	1	3	7	4	5
8	1	7	4	5	6	9	3	2

NO: 40

2	1	7	5	3	6	8	4	9
4	9	8	1	7	2	3	5	6
3	6	5	8	9	4	2	1	7
9	3	1	4	5	7	6	2	8
7	5	6	9	2	8	1	3	4
8	4	2	3	6	1	7	9	5
6	2	9	7	1	5	4	8	3
5	7	4	2	8	3	9	6	1
1	8	3	6	4	9	5	7	2

NO: 41

9	7	2	4	5	3	1	8	6
6	4	1	2	8	9	7	3	5
3	5	8	1	6	7	2	9	4
4	6	9	5	2	1	3	7	8
7	2	3	9	4	8	5	6	1
8	1	5	3	7	6	4	2	9
1	9	7	6	3	4	8	5	2
5	3	6	8	1	2	9	4	7
2	8	4	7	9	5	6	1	3

NO: 42

9	3	4	7	1	6	5	2	8
8	1	2	4	5	9	6	3	7
7	5	6	3	2	8	4	1	9
3	7	1	9	6	2	8	5	4
6	4	8	1	3	5	9	7	2
5	2	9	8	4	7	3	6	1
1	9	5	6	7	4	2	8	3
2	8	3	5	9	1	7	4	6
4	6	7	2	8	3	1	9	5

NO: 43

2	7	8	1	3	9	4	6	5
3	9	5	7	6	4	1	8	2
6	4	1	8	2	5	9	3	7
1	2	7	4	9	6	8	5	3
8	6	9	5	7	3	2	4	1
5	3	4	2	1	8	6	7	9
4	1	6	3	5	2	7	9	8
9	5	2	6	8	7	3	1	4
7	8	3	9	4	1	5	2	6

NO: 44

2	5	1	9	4	3	8	6	7
4	9	7	8	5	6	2	3	1
3	6	8	1	2	7	9	4	5
7	3	6	2	8	9	5	1	4
8	4	9	5	3	1	7	2	6
1	2	5	7	6	4	3	9	8
6	1	2	3	7	5	4	8	9
9	7	3	4	1	8	6	5	2
5	8	4	6	9	2	1	7	3

NO: 45

8	4	2	3	1	9	5	6	7
1	5	6	8	7	4	3	9	2
3	9	7	2	5	6	1	8	4
2	7	8	6	3	1	9	4	5
5	6	3	9	4	8	2	7	1
4	1	9	5	2	7	8	3	6
6	8	1	4	9	5	7	2	3
7	3	4	1	8	2	6	5	9
9	2	5	7	6	3	4	1	8

NO: 46

1	4	3	6	9	5	7	8	2
8	6	7	3	1	2	4	9	5
2	9	5	8	7	4	1	6	3
5	3	8	2	4	9	6	1	7
9	2	4	1	6	7	5	3	8
6	7	1	5	3	8	2	4	9
7	1	9	4	5	3	8	2	6
3	8	6	7	2	1	9	5	4
4	5	2	9	8	6	3	7	1

NO: 47

7	3	4	8	2	1	9	6	5
6	1	2	5	7	9	8	4	3
5	8	9	4	3	6	1	7	2
3	7	8	2	6	5	4	1	9
1	2	6	9	4	8	3	5	7
4	9	5	7	1	3	2	8	6
9	5	3	1	8	7	6	2	4
2	6	1	3	5	4	7	9	8
8	4	7	6	9	2	5	3	1

NO: 48

4	8	1	5	9	3	7	2	6
6	2	3	4	7	1	8	9	5
9	7	5	8	6	2	4	1	3
1	3	4	7	2	6	5	8	9
5	9	7	3	1	8	2	6	4
2	6	8	9	5	4	3	7	1
8	4	9	1	3	7	6	5	2
7	1	2	6	4	5	9	3	8
3	5	6	2	8	9	1	4	7

NO: 49

8	2	3	9	1	4	7	5	6
4	5	6	3	7	8	9	1	2
7	9	1	6	2	5	8	3	4
9	6	7	2	4	3	1	8	5
5	1	8	7	9	6	2	4	3
2	3	4	8	5	1	6	9	7
3	8	5	1	6	2	4	7	9
6	4	9	5	8	7	3	2	1
1	7	2	4	3	9	5	6	8

NO: 50

6	7	8	5	9	3	4	2	1
2	4	3	8	6	1	5	7	9
5	1	9	2	7	4	3	8	6
4	3	7	1	5	9	2	6	8
8	5	6	3	2	7	1	9	4
1	9	2	4	8	6	7	5	3
7	2	1	6	3	8	9	4	5
9	6	4	7	1	5	8	3	2
3	8	5	9	4	2	6	1	7

NO: 51

3	8	7	6	9	4	2	5	1
9	5	1	2	3	8	4	6	7
4	2	6	1	7	5	8	9	3
1	3	5	9	4	6	7	8	2
6	7	2	8	5	3	1	4	9
8	9	4	7	1	2	5	3	6
5	1	8	3	6	7	9	2	4
2	6	9	4	8	1	3	7	5
7	4	3	5	2	9	6	1	8

NO: 52

9	1	4	7	3	5	6	8	2
7	2	6	8	4	9	5	1	3
8	3	5	1	6	2	9	4	7
3	6	7	2	5	1	4	9	8
4	9	1	6	7	8	3	2	5
5	8	2	3	9	4	7	6	1
6	4	8	5	1	7	2	3	9
1	7	3	9	2	6	8	5	4
2	5	9	4	8	3	1	7	6

NO: 53

3	4	1	8	2	5	7	9	6
8	2	7	4	6	9	3	5	1
5	9	6	3	7	1	4	8	2
9	7	8	5	1	2	6	3	4
4	1	5	6	8	3	2	7	9
2	6	3	7	9	4	8	1	5
1	3	2	9	4	8	5	6	7
6	8	4	1	5	7	9	2	3
7	5	9	2	3	6	1	4	8

NO: 54

5	2	3	6	7	4	9	1	8
1	8	4	9	2	3	5	6	7
7	6	9	1	8	5	4	3	2
6	5	2	7	3	9	8	4	1
3	9	8	2	4	1	7	5	6
4	7	1	5	6	8	3	2	9
9	3	5	8	1	2	6	7	4
8	1	6	4	5	7	2	9	3
2	4	7	3	9	6	1	8	5

NO: 55

1	7	2	8	9	3	4	5	6
8	9	6	5	7	4	3	1	2
3	4	5	1	6	2	7	9	8
7	3	9	4	8	6	5	2	1
6	1	4	3	2	5	9	8	7
5	2	8	9	1	7	6	4	3
4	8	1	7	3	9	2	6	5
9	6	3	2	5	8	1	7	4
2	5	7	6	4	1	8	3	9

NO: 56

8	1	4	6	3	5	9	2	7
3	2	6	8	9	7	4	5	1
5	7	9	2	1	4	3	8	6
4	9	5	7	8	1	2	6	3
2	6	3	4	5	9	1	7	8
7	8	1	3	6	2	5	4	9
1	5	7	9	4	6	8	3	2
9	3	2	5	7	8	6	1	4
6	4	8	1	2	3	7	9	5

NO: 57

6	7	8	1	3	9	4	5	2
1	4	3	5	7	2	9	6	8
9	5	2	6	4	8	1	7	3
4	8	1	2	5	6	7	3	9
7	6	9	3	1	4	8	2	5
2	3	5	8	9	7	6	4	1
8	2	4	9	6	5	3	1	7
3	9	6	7	2	1	5	8	4
5	1	7	4	8	3	2	9	6

NO: 58

4	7	2	3	6	1	9	8	5
3	1	5	7	8	9	4	6	2
8	9	6	2	4	5	3	7	1
5	2	7	8	3	4	1	9	6
9	8	4	5	1	6	2	3	7
1	6	3	9	2	7	8	5	4
7	4	9	1	5	3	6	2	8
2	3	1	6	7	8	5	4	9
6	5	8	4	9	2	7	1	3

NO: 59

7	4	9	5	3	6	8	2	1
2	8	5	1	4	7	6	3	9
6	3	1	2	8	9	7	5	4
1	9	3	4	7	8	2	6	5
8	2	7	6	1	5	9	4	3
5	6	4	9	2	3	1	7	8
9	7	8	3	5	2	4	1	6
3	1	6	7	9	4	5	8	2
4	5	2	8	6	1	3	9	7

NO: 60

3	7	6	8	5	2	1	4	9
1	2	8	4	9	3	5	6	7
9	4	5	7	6	1	8	3	2
7	3	9	6	2	8	4	1	5
5	8	2	9	1	4	6	7	3
6	1	4	5	3	7	2	9	8
2	9	7	1	8	6	3	5	4
4	6	3	2	7	5	9	8	1
8	5	1	3	4	9	7	2	6

NO: 61

8	2	9	5	1	7	4	6	3
1	7	3	4	8	6	2	5	9
4	5	6	3	9	2	7	1	8
5	4	2	9	3	1	8	7	6
9	1	8	6	7	4	5	3	2
6	3	7	8	2	5	9	4	1
3	8	1	7	4	9	6	2	5
7	9	5	2	6	3	1	8	4
2	6	4	1	5	8	3	9	7

NO: 62

6	1	5	2	4	3	9	7	8
3	4	9	7	8	1	2	6	5
2	7	8	6	9	5	1	3	4
7	9	2	3	6	8	4	5	1
8	5	1	9	7	4	3	2	6
4	3	6	1	5	2	7	8	9
1	2	4	8	3	6	5	9	7
5	8	7	4	2	9	6	1	3
9	6	3	5	1	7	8	4	2

NO: 63

6	4	8	5	7	3	2	9	1
1	3	2	4	6	9	8	5	7
9	5	7	1	8	2	6	4	3
2	1	5	3	4	6	7	8	9
3	9	4	7	5	8	1	2	6
7	8	6	2	9	1	4	3	5
8	6	3	9	2	7	5	1	4
5	2	9	6	1	4	3	7	8
4	7	1	8	3	5	9	6	2

NO: 64

9	7	4	3	2	8	6	1	5
3	2	5	9	6	1	7	4	8
6	8	1	5	4	7	9	2	3
4	9	2	1	3	5	8	6	7
7	5	3	4	8	6	1	9	2
8	1	6	2	7	9	3	5	4
2	6	8	7	9	4	5	3	1
1	4	9	8	5	3	2	7	6
5	3	7	6	1	2	4	8	9

NO: 65

6	9	4	3	2	1	5	8	7
3	1	7	8	5	9	4	6	2
5	8	2	6	4	7	3	9	1
1	2	5	7	9	4	8	3	6
4	6	8	5	1	3	2	7	9
9	7	3	2	8	6	1	5	4
2	5	6	4	7	8	9	1	3
7	4	9	1	3	5	6	2	8
8	3	1	9	6	2	7	4	5

NO: 66

7	9	8	6	1	2	4	5	3
3	1	2	4	9	5	6	8	7
5	4	6	3	7	8	2	9	1
4	3	1	8	5	7	9	2	6
2	8	9	1	3	6	5	7	4
6	5	7	9	2	4	1	3	8
9	6	4	2	8	3	7	1	5
1	7	3	5	4	9	8	6	2
8	2	5	7	6	1	3	4	9

NO: 67

8	1	3	2	6	9	5	7	4
6	7	2	4	5	1	9	3	8
4	5	9	7	8	3	6	2	1
3	2	1	9	7	6	4	8	5
9	8	7	5	1	4	3	6	2
5	6	4	3	2	8	7	1	9
7	9	6	1	4	2	8	5	3
1	3	8	6	9	5	2	4	7
2	4	5	8	3	7	1	9	6

NO: 68

2	6	3	1	5	8	7	4	9
9	8	1	3	4	7	5	6	2
5	7	4	2	6	9	3	1	8
8	2	9	6	7	4	1	3	5
1	3	6	5	8	2	9	7	4
7	4	5	9	1	3	2	8	6
3	5	8	7	9	6	4	2	1
4	9	7	8	2	1	6	5	3
6	1	2	4	3	5	8	9	7

NO: 69

8	6	4	1	7	9	3	5	2
3	2	5	6	4	8	9	1	7
7	1	9	5	2	3	8	6	4
2	7	1	8	9	4	6	3	5
5	9	3	7	6	2	4	8	1
4	8	6	3	1	5	2	7	9
1	4	7	2	3	6	5	9	8
9	3	8	4	5	1	7	2	6
6	5	2	9	8	7	1	4	3

NO: 70

6	1	2	8	9	5	3	4	7
4	8	9	7	2	3	6	1	5
7	5	3	4	1	6	2	8	9
2	9	1	5	6	8	7	3	4
5	7	4	2	3	1	9	6	8
3	6	8	9	4	7	1	5	2
9	2	6	3	8	4	5	7	1
8	3	5	1	7	2	4	9	6
1	4	7	6	5	9	8	2	3

NO: 71

1	2	4	5	9	8	3	7	6
5	8	3	6	1	7	4	2	9
7	6	9	2	4	3	8	5	1
9	4	6	8	2	5	1	3	7
8	1	2	7	3	9	5	6	4
3	7	5	4	6	1	9	8	2
2	5	8	1	7	4	6	9	3
4	9	7	3	5	6	2	1	8
6	3	1	9	8	2	7	4	5

NO: 72

1	6	3	4	8	2	7	9	5
8	4	5	9	7	1	6	2	3
2	7	9	3	6	5	4	8	1
9	3	1	2	5	7	8	4	6
5	8	6	1	9	4	2	3	7
4	2	7	6	3	8	1	5	9
3	9	4	7	2	6	5	1	8
7	5	2	8	1	9	3	6	4
6	1	8	5	4	3	9	7	2

NO: 73

9	1	3	8	5	7	6	2	4
2	8	7	1	6	4	5	3	9
5	6	4	9	2	3	8	7	1
3	5	8	4	7	1	9	6	2
7	2	1	6	8	9	4	5	3
6	4	9	2	3	5	7	1	8
4	9	5	3	1	6	2	8	7
1	7	2	5	4	8	3	9	6
8	3	6	7	9	2	1	4	5

NO: 74

4	6	9	8	2	7	5	1	3
5	8	2	1	3	6	9	7	4
7	3	1	4	5	9	8	6	2
8	9	4	6	7	3	2	5	1
1	2	7	5	9	4	6	3	8
6	5	3	2	1	8	4	9	7
3	4	5	9	8	1	7	2	6
9	7	8	3	6	2	1	4	5
2	1	6	7	4	5	3	8	9

NO: 75

2	5	7	4	8	9	3	1	6
9	6	1	5	3	7	2	8	4
3	4	8	6	2	1	5	9	7
8	3	4	9	5	6	7	2	1
6	1	5	7	4	2	8	3	9
7	2	9	8	1	3	4	6	5
5	7	3	1	6	8	9	4	2
1	9	2	3	7	4	6	5	8
4	8	6	2	9	5	1	7	3

NO: 76

9	5	7	2	8	4	1	6	3
6	8	4	1	5	3	9	2	7
3	2	1	6	9	7	8	4	5
1	3	2	9	7	8	4	5	6
8	4	9	5	6	2	7	3	1
7	6	5	3	4	1	2	9	8
4	1	6	7	3	9	5	8	2
5	7	8	4	2	6	3	1	9
2	9	3	8	1	5	6	7	4

NO: 77

3	6	8	2	9	5	1	4	7
1	7	5	4	3	6	2	8	9
9	4	2	8	1	7	3	5	6
7	8	3	9	5	1	4	6	2
4	5	9	6	7	2	8	1	3
2	1	6	3	8	4	9	7	5
6	2	7	1	4	9	5	3	8
8	9	4	5	6	3	7	2	1
5	3	1	7	2	8	6	9	4

NO: 78

4	5	3	2	8	1	9	7	6
6	7	2	4	5	9	3	1	8
8	1	9	7	6	3	4	2	5
7	3	6	8	9	2	1	5	4
1	2	8	5	3	4	6	9	7
9	4	5	6	1	7	2	8	3
2	6	4	9	7	8	5	3	1
3	9	7	1	4	5	8	6	2
5	8	1	3	2	6	7	4	9

NO: 79

4	7	6	3	2	9	8	1	5
8	3	2	5	6	1	7	4	9
1	9	5	4	8	7	6	3	2
6	2	3	7	4	5	9	8	1
5	1	4	9	3	8	2	6	7
7	8	9	2	1	6	4	5	3
2	4	8	1	7	3	5	9	6
9	6	1	8	5	2	3	7	4
3	5	7	6	9	4	1	2	8

NO: 80

9	7	6	3	1	2	8	4	5
5	8	2	7	9	4	1	6	3
1	4	3	8	5	6	7	2	9
6	1	8	5	4	3	2	9	7
4	2	7	9	6	8	3	5	1
3	5	9	1	2	7	6	8	4
2	3	4	6	7	9	5	1	8
7	9	1	2	8	5	4	3	6
8	6	5	4	3	1	9	7	2

NO: 81

1	9	2	7	4	5	6	3	8
7	4	5	3	8	6	9	2	1
3	8	6	9	2	1	4	5	7
6	5	9	2	1	8	7	4	3
2	7	1	6	3	4	8	9	5
4	3	8	5	7	9	2	1	6
5	6	7	4	9	3	1	8	2
8	2	4	1	5	7	3	6	9
9	1	3	8	6	2	5	7	4

NO: 82

8	6	2	7	4	3	9	1	5
9	7	1	2	8	5	6	3	4
5	4	3	6	1	9	2	8	7
2	3	6	5	9	7	8	4	1
1	5	4	8	3	2	7	6	9
7	8	9	1	6	4	5	2	3
6	1	5	4	7	8	3	9	2
3	2	8	9	5	1	4	7	6
4	9	7	3	2	6	1	5	8

NO: 83

7	6	1	5	3	8	4	9	2
4	8	9	2	7	1	6	5	3
5	2	3	6	4	9	8	1	7
2	5	6	4	9	7	1	3	8
1	9	7	3	8	2	5	4	6
3	4	8	1	6	5	2	7	9
8	3	2	9	1	4	7	6	5
6	1	5	7	2	3	9	8	4
9	7	4	8	5	6	3	2	1

NO: 84

4	3	8	2	5	6	9	7	1
1	2	9	4	7	3	6	8	5
7	5	6	8	1	9	2	3	4
6	7	1	5	2	8	3	4	9
5	9	4	6	3	1	7	2	8
2	8	3	9	4	7	5	1	6
9	6	7	3	8	4	1	5	2
8	1	2	7	6	5	4	9	3
3	4	5	1	9	2	8	6	7

NO: 85

1	7	8	2	9	3	5	4	6
6	3	4	8	1	5	7	9	2
2	9	5	6	7	4	8	1	3
7	2	1	5	3	9	4	6	8
9	4	6	1	8	7	2	3	5
8	5	3	4	2	6	1	7	9
4	1	2	3	6	8	9	5	7
3	8	9	7	5	1	6	2	4
5	6	7	9	4	2	3	8	1

NO: 86

2	7	8	5	9	3	4	6	1
6	1	4	2	8	7	5	3	9
3	9	5	4	6	1	7	2	8
9	5	6	1	2	4	8	7	3
1	4	3	7	5	8	6	9	2
7	8	2	9	3	6	1	5	4
5	3	7	8	4	9	2	1	6
8	6	1	3	7	2	9	4	5
4	2	9	6	1	5	3	8	7

NO: 87

8	3	2	1	7	5	4	6	9
1	4	6	8	3	9	7	5	2
5	7	9	2	4	6	8	1	3
4	1	8	9	5	3	2	7	6
6	9	5	4	2	7	3	8	1
7	2	3	6	8	1	9	4	5
2	6	7	3	1	8	5	9	4
9	5	4	7	6	2	1	3	8
3	8	1	5	9	4	6	2	7

NO: 88

9	3	1	7	5	4	6	2	8
2	5	7	6	8	9	1	4	3
8	6	4	2	1	3	5	9	7
6	4	8	3	9	5	2	7	1
7	9	5	8	2	1	3	6	4
3	1	2	4	6	7	8	5	9
1	2	6	9	4	8	7	3	5
5	7	9	1	3	2	4	8	6
4	8	3	5	7	6	9	1	2

NO: 89

1	8	7	9	5	4	6	2	3
5	2	6	3	8	7	4	9	1
3	9	4	1	6	2	8	5	7
4	1	8	7	9	5	3	6	2
7	3	5	8	2	6	1	4	9
2	6	9	4	1	3	5	7	8
6	7	2	5	3	1	9	8	4
9	4	3	6	7	8	2	1	5
8	5	1	2	4	9	7	3	6

NO: 90

9	2	1	8	4	3	6	7	5
6	4	8	5	2	7	9	1	3
5	7	3	1	6	9	8	4	2
7	9	6	3	1	4	2	5	8
2	3	4	7	5	8	1	6	9
1	8	5	2	9	6	7	3	4
8	1	9	4	7	5	3	2	6
3	5	2	6	8	1	4	9	7
4	6	7	9	3	2	5	8	1

NO: 91

4	8	2	9	1	7	5	3	6
6	5	7	2	3	4	1	9	8
3	1	9	6	8	5	2	7	4
2	6	3	1	7	8	4	5	9
1	4	5	3	2	9	8	6	7
7	9	8	4	5	6	3	1	2
5	7	4	8	6	1	9	2	3
9	3	1	7	4	2	6	8	5
8	2	6	5	9	3	7	4	1

NO: 92

2	8	5	7	3	9	1	4	6
7	4	6	8	5	1	9	3	2
3	1	9	6	4	2	7	8	5
8	6	7	5	9	4	3	2	1
4	5	1	2	8	3	6	9	7
9	2	3	1	6	7	4	5	8
6	7	4	3	2	8	5	1	9
5	9	8	4	1	6	2	7	3
1	3	2	9	7	5	8	6	4

趣味数独 Ⅳ

NO: 93

8	7	5	9	2	6	3	1	4
4	9	2	3	7	1	5	8	6
1	6	3	8	4	5	2	9	7
9	4	8	2	6	7	1	3	5
2	1	7	5	3	9	6	4	8
3	5	6	1	8	4	9	7	2
7	3	4	6	1	2	8	5	9
6	8	9	7	5	3	4	2	1
5	2	1	4	9	8	7	6	3

NO: 94

2	9	7	1	3	8	5	6	4
1	5	3	6	4	9	8	7	2
6	4	8	7	5	2	1	3	9
8	3	5	4	7	6	9	2	1
7	2	1	3	9	5	6	4	8
9	6	4	2	8	1	3	5	7
5	7	6	9	1	4	2	8	3
3	1	2	8	6	7	4	9	5
4	8	9	5	2	3	7	1	6

NO: 95

4	8	7	6	2	5	1	9	3
9	1	5	7	3	4	2	6	8
3	6	2	8	1	9	7	4	5
5	7	4	2	6	8	9	3	1
2	3	6	4	9	1	5	8	7
1	9	8	3	5	7	6	2	4
6	4	9	5	7	3	8	1	2
8	5	1	9	4	2	3	7	6
7	2	3	1	8	6	4	5	9

NO: 96

3	8	1	5	7	4	9	6	2
4	6	2	8	1	9	7	3	5
9	5	7	2	6	3	4	8	1
6	9	4	7	5	8	2	1	3
8	7	5	1	3	2	6	4	9
1	2	3	9	4	6	5	7	8
5	3	6	4	2	1	8	9	7
2	4	9	3	8	7	1	5	6
7	1	8	6	9	5	3	2	4

NO: 97

1	3	8	6	5	4	9	2	7
4	2	6	7	8	9	1	5	3
5	7	9	1	3	2	8	6	4
3	8	1	9	2	5	4	7	6
7	5	2	4	6	8	3	1	9
9	6	4	3	1	7	5	8	2
2	4	3	5	7	1	6	9	8
6	1	7	8	9	3	2	4	5
8	9	5	2	4	6	7	3	1

NO: 98

6	7	2	3	1	9	4	8	5
1	3	5	4	6	8	9	2	7
8	9	4	2	7	5	3	6	1
4	1	7	8	3	6	5	9	2
5	6	8	9	4	2	7	1	3
9	2	3	7	5	1	6	4	8
2	4	9	5	8	7	1	3	6
7	8	6	1	9	3	2	5	4
3	5	1	6	2	4	8	7	9

NO: 99

8	4	2	7	5	1	3	6	9
5	6	9	8	3	2	1	4	7
3	7	1	6	4	9	5	8	2
6	9	8	1	2	4	7	5	3
4	3	7	9	6	5	2	1	8
2	1	5	3	7	8	4	9	6
1	5	3	2	8	6	9	7	4
9	2	6	4	1	7	8	3	5
7	8	4	5	9	3	6	2	1

NO: 100

7	3	6	1	4	5	9	2	8
2	1	9	8	6	7	4	3	5
8	4	5	3	9	2	7	1	6
6	8	7	4	5	1	3	9	2
4	9	2	7	3	8	5	6	1
3	5	1	9	2	6	8	7	4
9	2	3	5	1	4	6	8	7
1	7	4	6	8	3	2	5	9
5	6	8	2	7	9	1	4	3

NO: 101

1	2	3	6	4	8	7	9	5
4	7	5	2	9	3	8	6	1
8	6	9	7	1	5	3	4	2
9	1	7	8	6	2	4	5	3
2	5	4	3	7	9	6	1	8
3	8	6	4	5	1	2	7	9
6	9	8	5	2	4	1	3	7
7	3	1	9	8	6	5	2	4
5	4	2	1	3	7	9	8	6

NO: 102

2	6	3	4	1	8	5	9	7
5	1	7	2	3	9	6	4	8
4	8	9	6	5	7	3	2	1
7	5	1	9	6	4	2	8	3
8	2	4	5	7	3	1	6	9
3	9	6	1	8	2	4	7	5
9	3	5	7	2	6	8	1	4
6	4	8	3	9	1	7	5	2
1	7	2	8	4	5	9	3	6

NO: 103

4	1	6	2	7	5	3	8	9
3	5	9	4	6	8	1	7	2
7	8	2	3	9	1	4	5	6
6	7	5	8	1	2	9	3	4
1	2	4	9	3	7	5	6	8
9	3	8	6	5	4	7	2	1
5	9	3	1	8	6	2	4	7
8	4	7	5	2	9	6	1	3
2	6	1	7	4	3	8	9	5

NO: 104

7	9	3	6	8	1	5	4	2
4	6	1	5	3	2	7	9	8
2	8	5	7	9	4	3	6	1
5	7	2	4	1	8	6	3	9
9	4	6	3	2	5	8	1	7
1	3	8	9	6	7	4	2	5
6	2	4	8	7	9	1	5	3
8	5	9	1	4	3	2	7	6
3	1	7	2	5	6	9	8	4

NO: 105

2	5	4	7	6	8	9	3	1
8	9	3	2	5	1	7	6	4
1	6	7	9	4	3	8	2	5
3	8	5	6	7	2	1	4	9
9	7	6	8	1	4	2	5	3
4	2	1	3	9	5	6	7	8
6	4	8	5	2	9	3	1	7
7	1	9	4	3	6	5	8	2
5	3	2	1	8	7	4	9	6

NO: 106

7	4	2	8	1	5	9	3	6
1	3	6	7	9	4	2	5	8
9	8	5	2	6	3	7	4	1
2	1	7	4	5	6	3	8	9
6	5	4	9	3	8	1	7	2
8	9	3	1	2	7	5	6	4
5	2	8	3	4	1	6	9	7
4	6	1	5	7	9	8	2	3
3	7	9	6	8	2	4	1	5

NO: 107

9	5	4	6	1	3	8	2	7
7	6	8	5	9	2	3	1	4
2	3	1	4	7	8	9	6	5
4	1	3	8	5	9	6	7	2
8	9	6	1	2	7	5	4	3
5	2	7	3	6	4	1	9	8
6	8	2	9	4	5	7	3	1
1	7	5	2	3	6	4	8	9
3	4	9	7	8	1	2	5	6

NO: 108

2	5	7	9	8	4	1	6	3
8	3	1	7	5	6	4	9	2
4	9	6	2	1	3	7	8	5
6	8	5	1	7	9	2	3	4
3	2	4	5	6	8	9	7	1
1	7	9	4	3	2	8	5	6
7	4	3	6	9	1	5	2	8
9	6	2	8	4	5	3	1	7
5	1	8	3	2	7	6	4	9

NO: 109

1	3	6	5	8	9	7	4	2
5	2	8	6	4	7	3	1	9
9	4	7	1	3	2	6	8	5
2	8	1	9	5	6	4	7	3
6	5	9	3	7	4	1	2	8
3	7	4	2	1	8	5	9	6
8	1	3	7	9	5	2	6	4
4	6	5	8	2	1	9	3	7
7	9	2	4	6	3	8	5	1

NO: 110

5	9	8	1	4	7	2	3	6
3	6	2	5	9	8	4	7	1
7	4	1	3	6	2	5	9	8
9	2	7	8	5	4	1	6	3
8	5	4	6	3	1	9	2	7
1	3	6	7	2	9	8	4	5
4	8	3	2	7	5	6	1	9
2	7	5	9	1	6	3	8	4
6	1	9	4	8	3	7	5	2

NO: 111

7	4	2	9	1	3	5	8	6
5	9	8	4	6	7	3	1	2
3	6	1	8	2	5	4	7	9
4	8	7	1	3	9	2	6	5
1	3	5	2	4	6	7	9	8
6	2	9	7	5	8	1	3	4
2	5	3	6	8	1	9	4	7
8	7	4	3	9	2	6	5	1
9	1	6	5	7	4	8	2	3

NO: 112

6	5	7	1	2	9	3	8	4
1	2	9	4	8	3	7	6	5
8	3	4	7	6	5	1	2	9
3	6	5	2	7	4	8	9	1
9	8	2	6	5	1	4	3	7
7	4	1	9	3	8	6	5	2
5	7	8	3	4	2	9	1	6
4	9	3	5	1	6	2	7	8
2	1	6	8	9	7	5	4	3

NO: 113

5	3	6	7	2	1	4	9	8
7	4	2	8	5	9	1	6	3
8	9	1	4	6	3	2	7	5
4	7	5	6	9	8	3	1	2
3	2	9	5	1	4	7	8	6
1	6	8	2	3	7	9	5	4
2	1	7	3	8	5	6	4	9
9	5	3	1	4	6	8	2	7
6	8	4	9	7	2	5	3	1

NO: 114

9	8	1	4	6	3	7	2	5
5	6	7	1	2	9	8	3	4
4	2	3	8	7	5	6	1	9
6	7	9	2	1	4	5	8	3
3	1	5	7	9	8	4	6	2
8	4	2	3	5	6	9	7	1
2	5	8	9	3	7	1	4	6
1	9	4	6	8	2	3	5	7
7	3	6	5	4	1	2	9	8

NO: 115

4	3	2	9	6	7	8	1	5
7	5	1	8	4	3	6	2	9
8	6	9	2	1	5	3	4	7
5	4	6	7	9	8	1	3	2
9	8	7	3	2	1	5	6	4
1	2	3	6	5	4	9	7	8
6	7	4	5	3	9	2	8	1
3	1	5	4	8	2	7	9	6
2	9	8	1	7	6	4	5	3

NO: 116

1	3	4	2	9	7	8	5	6
2	5	8	3	6	4	1	9	7
6	9	7	8	1	5	2	4	3
7	2	3	1	5	8	9	6	4
8	1	5	6	4	9	7	3	2
4	6	9	7	3	2	5	1	8
5	8	6	4	7	1	3	2	9
9	4	2	5	8	3	6	7	1
3	7	1	9	2	6	4	8	5

NO: 117

2	4	3	8	7	1	6	5	9
7	8	1	9	5	6	2	3	4
6	5	9	3	2	4	7	8	1
3	1	7	4	9	2	8	6	5
9	2	5	7	6	8	1	4	3
8	6	4	1	3	5	9	2	7
4	3	8	6	1	7	5	9	2
5	7	6	2	4	9	3	1	8
1	9	2	5	8	3	4	7	6

NO: 118

8	4	1	3	9	6	2	7	5
3	2	7	5	1	8	6	4	9
6	9	5	7	2	4	1	8	3
1	5	2	6	4	9	7	3	8
7	6	3	1	8	5	9	2	4
9	8	4	2	3	7	5	6	1
4	7	9	8	6	1	3	5	2
5	3	8	9	7	2	4	1	6
2	1	6	4	5	3	8	9	7

NO: 119

1	2	7	3	4	9	8	5	6
5	9	4	8	7	6	1	2	3
3	6	8	5	2	1	9	4	7
9	8	1	7	5	3	2	6	4
4	3	6	1	9	2	7	8	5
2	7	5	6	8	4	3	9	1
8	1	2	4	6	7	5	3	9
6	5	3	9	1	8	4	7	2
7	4	9	2	3	5	6	1	8

NO: 120

6	3	2	8	4	5	7	9	1
8	4	1	7	9	6	5	3	2
5	9	7	1	3	2	6	8	4
1	5	4	9	2	8	3	6	7
9	8	3	4	6	7	2	1	5
7	2	6	5	1	3	9	4	8
4	7	9	3	5	1	8	2	6
2	1	8	6	7	9	4	5	3
3	6	5	2	8	4	1	7	9

NO: 121

9	2	6	1	4	5	8	7	3
4	7	8	2	9	3	6	1	5
3	5	1	7	6	8	4	9	2
1	4	9	3	5	7	2	6	8
5	6	2	8	1	9	7	3	4
8	3	7	6	2	4	1	5	9
6	1	3	9	8	2	5	4	7
2	9	5	4	7	6	3	8	1
7	8	4	5	3	1	9	2	6

NO: 122

7	1	2	9	5	6	8	3	4
4	3	6	8	1	2	7	5	9
8	9	5	3	4	7	6	2	1
9	2	4	6	8	3	5	1	7
1	6	8	2	7	5	4	9	3
5	7	3	4	9	1	2	6	8
6	4	7	1	2	9	3	8	5
2	8	1	5	3	4	9	7	6
3	5	9	7	6	8	1	4	2

NO: 123

3	7	6	2	5	4	1	9	8
4	1	2	6	8	9	3	5	7
8	5	9	1	7	3	6	4	2
1	8	7	4	2	5	9	3	6
2	9	5	3	1	6	7	8	4
6	4	3	8	9	7	2	1	5
7	6	4	9	3	8	5	2	1
5	3	1	7	4	2	8	6	9
9	2	8	5	6	1	4	7	3

NO: 124

4	1	7	9	3	6	8	2	5
8	3	2	1	5	4	7	9	6
9	5	6	2	7	8	1	4	3
3	4	8	5	9	1	2	6	7
6	7	5	8	2	3	9	1	4
2	9	1	4	6	7	5	3	8
1	6	9	7	4	5	3	8	2
7	8	4	3	1	2	6	5	9
5	2	3	6	8	9	4	7	1

NO: 125

6	4	7	5	2	9	3	8	1
2	8	3	1	6	7	4	5	9
1	9	5	4	8	3	7	6	2
8	5	2	6	3	4	9	1	7
3	7	9	2	1	8	6	4	5
4	1	6	7	9	5	8	2	3
7	3	1	8	4	2	5	9	6
9	2	4	3	5	6	1	7	8
5	6	8	9	7	1	2	3	4

NO: 126

8	3	6	4	5	2	7	9	1
2	4	1	6	9	7	8	5	3
5	7	9	3	1	8	4	2	6
6	8	3	2	4	9	1	7	5
7	5	4	1	6	3	2	8	9
9	1	2	7	8	5	6	3	4
4	2	8	9	3	6	5	1	7
1	9	5	8	7	4	3	6	2
3	6	7	5	2	1	9	4	8

NO: 127

5	2	3	8	1	6	7	4	9
1	6	4	7	9	2	5	3	8
9	8	7	3	5	4	1	6	2
7	4	1	6	3	9	2	8	5
8	5	6	2	4	7	3	9	1
3	9	2	5	8	1	6	7	4
2	1	9	4	6	3	8	5	7
4	3	5	1	7	8	9	2	6
6	7	8	9	2	5	4	1	3

NO: 128

2	9	6	1	8	4	5	7	3
7	4	3	6	5	2	9	1	8
5	1	8	3	9	7	6	2	4
1	3	2	7	4	9	8	6	5
9	8	4	5	1	6	7	3	2
6	5	7	8	2	3	1	4	9
4	2	1	9	7	5	3	8	6
3	7	9	2	6	8	4	5	1
8	6	5	4	3	1	2	9	7

NO: 129

5	6	2	3	4	1	8	7	9
1	8	4	7	9	6	3	5	2
9	3	7	5	8	2	1	4	6
2	7	6	9	5	8	4	1	3
4	5	9	1	2	3	6	8	7
3	1	8	4	6	7	9	2	5
6	2	1	8	3	5	7	9	4
8	4	3	2	7	9	5	6	1
7	9	5	6	1	4	2	3	8

NO: 130

5	4	9	1	3	2	6	7	8
3	1	6	5	7	8	2	9	4
2	8	7	6	4	9	5	1	3
7	9	1	8	2	3	4	6	5
8	6	2	4	1	5	7	3	9
4	3	5	7	9	6	1	8	2
6	2	4	3	8	1	9	5	7
1	7	3	9	5	4	8	2	6
9	5	8	2	6	7	3	4	1

NO: 131

5	6	1	8	2	9	7	4	3
8	9	7	4	3	5	2	1	6
2	3	4	6	7	1	8	5	9
7	1	9	2	5	8	3	6	4
3	4	8	7	9	6	5	2	1
6	2	5	3	1	4	9	8	7
4	7	6	5	8	3	1	9	2
1	8	2	9	6	7	4	3	5
9	5	3	1	4	2	6	7	8

NO: 132

9	1	6	7	8	4	3	5	2
8	7	5	1	2	3	4	6	9
4	3	2	5	9	6	1	8	7
1	8	3	6	7	2	9	4	5
5	2	7	4	1	9	6	3	8
6	4	9	8	3	5	7	2	1
3	5	8	9	4	7	2	1	6
7	6	4	2	5	1	8	9	3
2	9	1	3	6	8	5	7	4

NO: 133

9	1	7	5	2	8	3	4	6
3	4	6	9	1	7	2	8	5
5	8	2	6	4	3	9	1	7
6	7	9	2	8	1	4	5	3
1	2	3	7	5	4	6	9	8
8	5	4	3	9	6	7	2	1
2	3	1	8	7	9	5	6	4
7	9	8	4	6	5	1	3	2
4	6	5	1	3	2	8	7	9

NO: 134

7	8	3	5	4	6	2	9	1
2	5	1	8	7	9	6	4	3
4	9	6	3	1	2	5	8	7
8	1	4	7	5	3	9	2	6
9	6	7	2	8	1	3	5	4
5	3	2	6	9	4	7	1	8
6	7	5	4	2	8	1	3	9
1	2	8	9	3	7	4	6	5
3	4	9	1	6	5	8	7	2

NO: 135

5	3	2	1	6	4	9	7	8
1	4	7	2	9	8	3	5	6
6	9	8	5	7	3	2	1	4
7	1	4	3	5	9	6	8	2
8	2	3	6	1	7	4	9	5
9	6	5	4	8	2	1	3	7
4	7	1	9	2	5	8	6	3
3	5	9	8	4	6	7	2	1
2	8	6	7	3	1	5	4	9

NO: 136

8	3	1	7	9	6	5	2	4
9	2	7	4	3	5	1	6	8
6	5	4	8	1	2	3	7	9
2	4	8	1	7	9	6	5	3
1	6	9	3	5	8	7	4	2
3	7	5	6	2	4	8	9	1
7	8	2	5	4	1	9	3	6
5	9	6	2	8	3	4	1	7
4	1	3	9	6	7	2	8	5

NO: 137

1	4	9	7	5	6	3	2	8
3	2	8	9	4	1	6	5	7
7	6	5	3	2	8	4	1	9
6	8	4	5	3	7	1	9	2
5	1	2	8	9	4	7	6	3
9	3	7	1	6	2	5	8	4
4	7	6	2	8	5	9	3	1
8	5	3	4	1	9	2	7	6
2	9	1	6	7	3	8	4	5

NO: 138

4	1	5	2	7	8	9	6	3
9	2	8	5	6	3	4	7	1
6	7	3	9	1	4	8	2	5
5	6	7	4	3	9	2	1	8
3	9	4	8	2	1	7	5	6
2	8	1	6	5	7	3	9	4
7	3	9	1	4	5	6	8	2
8	5	6	3	9	2	1	4	7
1	4	2	7	8	6	5	3	9

NO: 139

5	1	2	8	3	6	9	7	4
8	4	3	9	7	2	6	5	1
7	9	6	1	5	4	2	3	8
6	3	7	5	8	1	4	9	2
4	5	9	6	2	7	1	8	3
2	8	1	4	9	3	5	6	7
3	6	4	7	1	9	8	2	5
1	7	5	2	6	8	3	4	9
9	2	8	3	4	5	7	1	6

NO: 140

9	3	4	5	8	1	7	6	2
5	7	8	2	6	9	3	1	4
6	2	1	7	3	4	5	9	8
1	9	2	4	5	6	8	7	3
4	6	3	8	1	7	2	5	9
8	5	7	9	2	3	6	4	1
3	4	9	6	7	8	1	2	5
2	8	6	1	4	5	9	3	7
7	1	5	3	9	2	4	8	6

NO: 141

9	1	7	3	5	8	6	2	4
8	3	6	4	2	7	5	1	9
4	5	2	6	9	1	8	7	3
5	9	8	7	4	3	2	6	1
2	4	1	5	8	6	3	9	7
6	7	3	9	1	2	4	8	5
3	8	4	2	7	9	1	5	6
1	6	9	8	3	5	7	4	2
7	2	5	1	6	4	9	3	8

NO: 142

9	8	7	2	1	4	3	6	5
2	6	1	9	5	3	7	8	4
4	3	5	7	6	8	9	2	1
8	1	2	5	3	9	6	4	7
5	9	3	6	4	7	2	1	8
7	4	6	8	2	1	5	9	3
3	2	8	4	7	6	1	5	9
1	5	9	3	8	2	4	7	6
6	7	4	1	9	5	8	3	2

NO: 143

4	3	1	5	8	9	7	6	2
2	5	7	4	1	6	3	8	9
9	6	8	3	7	2	5	4	1
6	7	3	8	2	1	4	9	5
1	2	9	6	4	5	8	7	3
5	8	4	9	3	7	2	1	6
3	1	5	7	6	8	9	2	4
8	9	6	2	5	4	1	3	7
7	4	2	1	9	3	6	5	8

NO: 144

1	6	9	7	4	8	5	2	3
7	2	8	5	3	6	1	9	4
3	4	5	1	9	2	6	8	7
9	3	2	8	7	1	4	6	5
8	7	4	6	5	9	3	1	2
5	1	6	4	2	3	9	7	8
2	8	3	9	6	4	7	5	1
6	5	1	3	8	7	2	4	9
4	9	7	2	1	5	8	3	6

NO: 145

6	2	9	7	5	8	4	3	1
5	1	7	3	6	4	2	8	9
8	4	3	1	2	9	6	7	5
7	8	2	5	3	1	9	6	4
4	3	5	9	8	6	7	1	2
1	9	6	2	4	7	8	5	3
2	7	1	6	9	3	5	4	8
3	5	8	4	7	2	1	9	6
9	6	4	8	1	5	3	2	7

NO: 146

6	1	3	8	7	9	2	5	4
9	2	7	5	6	4	8	3	1
4	8	5	2	1	3	6	9	7
3	5	6	4	8	1	7	2	9
1	4	2	9	5	7	3	6	8
8	7	9	3	2	6	4	1	5
2	6	1	7	9	8	5	4	3
5	3	8	1	4	2	9	7	6
7	9	4	6	3	5	1	8	2

NO: 147

8	2	1	6	7	5	9	4	3
6	9	3	1	4	8	7	5	2
4	5	7	9	3	2	1	8	6
7	4	9	8	5	3	2	6	1
5	3	2	4	1	6	8	7	9
1	6	8	7	2	9	4	3	5
3	8	5	2	9	7	6	1	4
2	7	4	5	6	1	3	9	8
9	1	6	3	8	4	5	2	7

NO: 148

6	3	2	1	7	9	4	8	5
9	4	8	6	5	3	7	1	2
7	1	5	4	8	2	3	9	6
8	5	1	7	2	4	6	3	9
4	7	3	8	9	6	2	5	1
2	6	9	5	3	1	8	4	7
5	9	4	3	6	7	1	2	8
1	2	7	9	4	8	5	6	3
3	8	6	2	1	5	9	7	4